Le Narcissique Dissimulé

Retrouvez Votre Liberté Emotionnelle avec 21+ Étapes Vitales pour Échapper aux Abus, à la Manipulation et au Contrôle Toxique

Shelly Dunn

Healing Habits Publishing

Paperback ISBN 978-1-966691-50-1
Hardcover ISBN 978-1-966691-51-8
Large Print ISBN 978-1-966691-52-5

Contents

Ce livre est dédié à toute personne qui a été coincée dans une relation narcissique

Vous avez la faculté de vous libérer et de vivre une vie que vous pouviez enfin appeler la vôtre sans jugement,

À James Love et à ma famille, qui m'ont appris à quoi ressemble un amour sain et m'avait donné les outils d'une relation saine à partager avec le monde.

Introduction

Tous les narcissiques n'affichent pas leur arrogance. Certaines personnes les plus dangereuses sont celles qui tordent votre esprit et réduisent votre âme en bouillie, et elles ne sont pas accompagnées de feux clignotants et de panneaux d'avertissement. Elles ne se promènent pas avec un air arrogant, en aboyant des ordres, ou en paradant leur ego comme une enseigne au néon flamboyante. Ils sont subtils, calmes, patients, discrets comme l'enfer, et c'est ce qui les rend mortels.

Y a-t-il quelqu'un dans votre vie qui vous fait perdre la tête sans que vous vous en rendiez compte? Cette personne déforme-t-elle la réalité, les faits, vous fit-elle douter de votre propre santé mentale, tout en jouant la carte de la «bienveillance», de la «bonne personne»? Semblent-ils presque trop gentils, trop investis, trop aimables, alors même que vous ressentez cette attraction invisible, comme si vous ne contrôliez plus votre vie?

Imaginez ceci: quelqu'un qui ne crie pas, ne se vante pas, ne «semble» pas être une menace, mais d'une manière ou d'une autre, avec un soupir par-ci, un regard désapprobateur par-là, il vous fait remettre en question chaque petite astuce. Votre instinct vous dit que quelque chose ne va pas avec cette personne. Vous voulez expulser cette idée de votre tête, mais elle s'y accroche. Le sentiment d'effroi s'enfonce si fort que vous le sentez vous griffer, mais vous n'arrivez pas à savoir d'où il vient.

Comment se fait-il? Eh bien, c'est simple: Parce qu'ils sont si «gentils», n'est-ce pas? Mais c'est là que le bât altère. Que vous le réalisiez ou non, c'est le jeu qu'ils savent si bien jouer. Ils contrôlent tout, et vous? Vous ne faites que jouer le jeu, pris au piège dans cette toile invisible et tordue. La question est donc de savoir si vous avez affaire à un narcissique caché. Si vous lisiez ces lignes, il serait peut-être temps de vous poser quelques questions difficiles.

Pour aller droit au but, ce livre n'est pas là pour vous dorloter avec des affirmations bienveillantes ou pour vous tendre des platitudes du genre «tout va bien se passer». Il n'en est rien. Ce livre arracherait le masque et vous montrerait la vérité brute, sans filtre. Vous n'êtes pas ici simplement pour feuilleter quelques pages, mais pour débloquer des chaînes. Reconnaître le narcissisme caché n'est pas une promenade de santé. C'est un travail difficile, affreux. Oui, il vous frapperait si fort qu'il vous couperait le souffle, au sens figuré.

Mais cette vérité serait la clé dont vous avez besoin pour reprendre votre vie en main. Parce que les narcissiques dissimulés ne respectent absolument pas les règles auxquelles vous étiez habitué. Ils n'affichent pas leur ego au grand jour et ne cherchent pas à attirer l'attention. Non, ils travaillent en silence, tissant leur emprise dans les moindres recoins. Ils tirent les ficelles sans qu'on les voie et se présentent comme des victimes, tout en vous vidant de votre vie. Ce livre est là pour vous montrer ces sales tours insidieux, pour vous aider à voir clair dans leur comportement manipulateur et pour vous rendre ce qu'ils vous ont volé: votre sens de l'identité.

Si vous vous sentiez pris au piège, perdu et confus, si vous aviez l'impression d'être l'ombre de ce que vous étiez autrefois, si vous vous demandiez où les choses aurait mal tourné, pourquoi vous n'arriviez pas à vous en sortir, vous êtes au bon endroit.

Ce livre lèvera le voile sur une forme de narcissisme qui échappe à la plupart des gens, celle qui se cache derrière des sourires polis et des manipulations discrètes. Ce n'est pas le genre de choses dont on se «réveille» soudainement. Au contraire, ce type d'abus est un poison lent et mortel. Il s'infiltre au fil du temps, érodant votre esprit petit à petit. Pour s'en libérer, il faudrait comprendre exactement comment ils opèrent, et c'est ainsi que vous pouvez utiliser les informations contenues dans ce livre pour vous libérer enfin.

Voici la vérité brute et sans fard sur la raison pour laquelle j'écris ce livre: J'avais été exactement là où vous êtes. Je sais ce que l'on ressent lorsqu'on est empêtré dans le brouillard, que l'on cherche la clarté dans une relation qui semble «bien» de l'extérieur alors que l'on s'effondre tranquillement à l'intérieur. Le narcissisme caché est un labyrinthe qui vous plonge dans le doute et la confusion à chaque tournant. Si vous faites un geste, vous devenez soudain le malveillant. Vous essayez de fixer une limite? Il se transforme en victime impuissante. C'est comme être pris dans des sables mouvants; plus vous luttez, plus vous vous enfoncez.

Je sais ce que signifie d'être charmé, de se sentir vu, d'être attiré par l'attention de quelqu'un et de voir cette chaleur se transformer en froid glacial. Ils semblent «gentils», mais il y a toujours quelque chose qui cloche, un poids invisible qui pèse sur eux, une pression silencieuse qui vous pousse à suivre le mouvement, à vous taire et à ne rien remettre en question. Lorsque vous voyez le piège, les murs se sont refermés. Le masque tombe et vous vous retrouvez à fixer les yeux de quelqu'un qui contrôle votre réalité depuis le début.

Il m'a fallu des années pour me débarrasser de ce brouillard. Des années à me sentir «folle», à me demander si c'était moi qui avais un problème. Heureusement, au fur et à mesure, je me suis battue pour revenir. Brique par brique, j'ai reconstruit ma confiance en moi et ma valeur. J'ai appris les mécanismes, j'ai vu à travers les illusions et j'ai démantelé les jeux. Aujourd'hui, je suis là, partageant avec vous chaque leçon durement gagnée, prête à vous montrer le chemin de la sortie. Je me suis frayé un chemin à travers l'enfer pour en arriver là, et maintenant je vous remets la carte, la boussole, l'armure et tout ce dont vous avez besoin pour vous échapper de cette même prison.

Ecoutez, je ne vais pas l'édulcorer. Se réveiller face à un narcissisme caché, c'est comme mettre une paire de lunettes qui accentue tous les détails les plus laids. C'est brut, et inconfortable. Cela peut ressembler à un raz-de-marée qui s'abat sur vous, mais la vérité, c'est que si vous voulez retrouver votre vie, vous devez aller jusqu'au bout. Vous devez voir les choses telles qu'elles sont, plutôt que comme vous voudriez qu'elles soient, et non pas comme elles «semblent» être. La victoire ne serait pas facile, mais sachez que ce serait de l'autre côté de cette querelle que se trouverait votre liberté.

Ces dernières années, j'ai travaillé avec plusieurs personnes qui, comme moi, avaient besoin d'aide, de soutien et de mots gentils. Cela a fait toute la dissemblance pour moi de pouvoir partager mon expérience avec eux et de les aider à se libérer de leur propre narcissique caché. Et le plus beau, c'est que lorsque je leur ai dit que j'écrirais ce livre, elles ont accepté que j'utilise certaines de leurs histoires (et bien sûr, en changeant leurs noms).

Voici donc tout ce que nous avons à vous offrir. C'est ici , je l'espère, que vous trouveriez vôtre force. Lorsque vous auriez terminé ce livre, vous ne vous contenteriez pas d'une poignée de conseils. Vous posséderiez des mécanismes puissants et transformateurs qui vous permettraient d'exposer le narcissisme caché pour ce qu'il soit incontestablement. Vous sauriez comment fixer des limites et les rendre infranchissables. Vous vous tiendriez à carreau: ferme, résolu et inébranlable. Vous apprendriez à reconstruire votre estime de soi à partir de zéro, à récupérer votre voix et à développer une immunité à leur influence toxique. Vous seriez sur le point de devenir la personne qu'ils espéraient que vous ne deviendriez jamais: forte, intouchable et enfin glorieusement libre.

Chapitre 1: Comprendre le Narcissisme Dissimulé - Démasquer le Manipulateur Subtil

Les narcissiques ne sont pas tous bruyants et évidents. Certains se cachent à la vue de tous, démantelant tranquillement votre estime de soi tout en portant le masque de la «bonne personne». Si vous avez déjà reconnu les signes indiquant que vous avez affaire à une telle personne, c'est déjà un bon début. Dans ce chapitre, vous apprendriez tout ce que vous deviez savoir sur le narcissique caché afin de vous en protéger et, lorsque vous le pourriez, vous libérer de sa présence oppressante dans votre vie.

Qu'est-ce que le Narcissisme Dissimulé?

Lorsque nous pensons au narcissisme, nous imaginons souvent une personne bruyante, arrogante et toujours en quête d'attention. Mais les narcissiques dissimulés sont d'une autre espèce. Ce sont des opérateurs silencieux qui vous manipulent sans que vous vous en rendiez compte.

Imaginez deux collègues de travail, Alex et Ben. Alex est un narcissique déclaré, toujours en train de se vanter de ses réalisations, d'interrompre les autres et d'avoir besoin d'être au centre de l'attention. Ben, quant à lui, est calme et semble humble. Il dit souvent des choses comme «Je ne suis pas aussi bon que toi», mais d'une manière ou d'une autre, vous finissez toujours par avoir l'impression que c'est vous qui manquez. C'est là toute la subtilité du narcissisme caché. Les manigances du narcissique dissimulé ne sont pas évidentes. Le jeu mortel qu'ils jouent est subtil, et c'est ce qui les rend encore plus dangereux que le fanfaron grandiose du manuel.

Signes d'un Narcissique Dissimulé

- **Manipulation Discrète:** Elles n'exigent peut-être pas ouvertement des choses, mais elles vous feront sentir coupable jusqu'à ce que vous leur donniez ce dont elles avaient besoin. Par exemple, ils soupireront et diront: «Je suppose que je vais m'occuper de ce projet seul, encore une fois», vous obligeant à les aider même si vous n'en avez pas envie.

- **Arrogance Cachée et Humilité Feinte:** Ils minimiseront leurs talents tout en se croyant secrètement supérieurs. Ils pourraient dire «Oh, je n'ai pas fait grand-chose», mais vous saviez qu'ils s'attendaient tout de même à être félicités.

- **Hypersensibilité à la Critique:** Même des suggestions douces pourraient les mettre en colère. Si vous leur disiez: «Essayez peut-être ceci ", ils risquent de vous répondre: " Pourquoi m'attaques-tu toujours?». Ils vous donneront carrément l'impression d'avoir dépassé une limite inconnue alors que ce n'est pas le cas.

- **Le Droit à l'Égalité:** Ils pensent qu'ils méritent un traitement spécial. S'ils ne l'obtiennent pas, ils se sentent lésés. Par exemple, s'ils n'obtiennent pas de promotion, ils prétendront que c'est parce que le système est injuste et qu'il ne leur avait pas accordé l'attention, les louanges et les accolades qu'ils estiment mériter.

Les Tactiques Cachées

Les narcissiques invisibles utilisent des tactiques spécifiques pour contrôler les autres sans avoir l'air d'abuser d'eux. Par exemple, il peut être incroyablement charmant quand cela lui convient. Ils peuvent être la personne préférée de tous lors de réunions sociales. Elles se souviennent des détails personnels, rient aux blagues et font en sorte que les gens se sentent spéciaux. Mais derrière des portes closes, ils utilisent les informations qu'ils recueillent pour manipuler les situations à leur avantage, par exemple en répandant des rumeurs ou en montant des amis les uns contre les autres.

Les narcissiques invisibles font également des commentaires subtils qui sapent la confiance des autres. Par exemple, il pourrait vous dire: «Es-tu sûre de vouloir porter ça? Je veux dire, tu es toujours très belle, mais cette couleur n'est pas ce que tu as de mieux.» Ou encore: «Je pensais que tu savais comment cuisiner ce plat; peut-être que la recette dépasse un peu tes compétences». Ces commentaires sembleraient anodins mais vous feraient douter de vous-même.

Ils invalident également les sentiments et les opinions des autres. Ils pourraient rejeter vos préoccupations en disant: «Tu réfléchis trop» ou «Ne sois pas si sensible». Au fil du temps, vous commenceriez à remettre en question votre propre jugement et vous vous sentiriez incapable de vous exprimer.

Comment se Déroule l'Abus Narcissique Dissimulé

Gaslighting Subtil: Le gaslighting est une tactique par laquelle quelqu'un vous fait douter de votre réalité. Les narcissiques invisibles excellent dans ce domaine. Il vous dirait par exemple: «Es-tu sûr que c'est ce qui s'est passé?» ou «Je pense que tu te souviens mal de ce qui s'est passé». Au fil du temps, vous commenceriez à douter de vous-même. Par exemple, vous vous souvenez qu'il a accepté de vous aider à accomplir une tâche, mais lorsque vous lui en parlez, il vous répond: «Je n'avais jamais dit que je ferais cela. Tu te fais des idées». Ce doute constant peut vous donner l'impression de perdre pied avec la réalité.

Comportements Passifs-Agressifs: La personne n'affronte pas les problèmes directement. Elle utilise plutôt des méthodes indirectes pour exprimer sa colère ou sa frustration. Il s'agit par exemple du traitement silencieux, qui consiste à cesser de vous parler sans vous expliquer pourquoi. Il peut aussi vous faire un compliment indirect, du genre: «Vous êtes étonnamment bon dans ce domaine pour quelqu'un de votre formation». Il pourrait également retarder délibérément des tâches qui sont importantes pour vous afin d'affirmer son contrôle. Ces comportements minent votre confiance en vous faisant vous sentir inadéquat ou coupable.

Négligence Émotionnelle: L'amour et l'affection deviennent des outils de punition. Si vous les contrariez, ils se retiraient émotionnellement. Par exemple, si vous lui envoyez un message à propos de quelque chose d'important, il l'ignorera. Lorsque vous lui demandez si tout va bien, il vous répond «ça va», mais reste distant. Dans une relation, cette situation peut être particulièrement douloureuse. Vous vous sentez isolé(e) et anxieux(se), en essayant constamment de comprendre ce que vous avez fait de mal.

Exemple Réel d'Abus Dissimulés

Sarah a rencontré David lors d'un événement caritatif. Il était attentif, lui posait toujours des questions sur ses intérêts et ses passions, et semblait être le partenaire idéal: il la soutenait, était attentionné et généreux.

Au cours de leur relation, David avait souvent fait des choses qui semblaient prévenantes. Il la surprenait avec son café préféré, insistait pour la conduire au travail afin qu'elle n'ait pas à subir les embouteillages et l'encourageait à se détendre pendant qu'il s'occupait des courses.

Au fil du temps, Sarah a remarqué que David avait commencé à prendre des décisions à sa place. Il lui disait: «J'ai annulé ton abonnement à la salle de sport parce que tu n'y allais pas beaucoup. Maintenant, tu as plus de temps pour te détendre.» Lorsqu'elle exprimait son inquiétude, il répondait: «Je veux juste te faciliter les choses.»

Il a commencé à la décourager de passer du temps avec ses amis. «Ils ne t'apprécient pas autant que moi», disait-il. «Pourquoi ne pas rester à la maison ce soir? J'ai préparé le dîner pour nous.» Cela semblait bienveillant, mais il l'isolait de son réseau de soutien.

Chaque fois que Sarah essayait de s'affirmer, David jouait le rôle de la victime. Si elle disait qu'elle voulait garder son abonnement à la salle de sport, il répondait: «Je suppose que mes efforts pour t'aider ne sont pas appréciés. Je voulais juste que tu sois heureuse». Si elle insistait pour rencontrer ses amis, il soupirait et disait: «C'est bon. Je vais passer la soirée seul. Ne t'inquiète pas pour moi.» Sarah se sentait coupable et finissait par annuler ses projets.

Sarah commence à douter de son propre jugement. Elle se demande si elle n'est pas ingrate ou déraisonnable. Son monde s'est rétréci pour tourner autour des besoins et des préférences de David. Elle a cessé de s'adonner à ses loisirs parce que David les décourageait subtilement. Lorsqu'elle lui propose de prendre des cours de peinture, il lui répond: «C'est une excellente idée, mais ne serait-il pas préférable de te concentrer sur quelque chose qui pourrait faire avancer ta carrière?

Au fil du temps, Sarah a ressenti une anxiété constante. Elle essayait toujours d'anticiper les réactions de David, adaptant son comportement pour maintenir la paix. Elle perdait confiance en elle et se sentait isolée. Ce n'est que lorsqu'un ami lui avait fait remarquer les changements dans son comportement que Sarah a commencé à comprendre le schéma. Elle se rend compte que la «gentillesse» de David est un moyen de contrôle et non une véritable attention.

Les Outils de la Manipulation

Les narcissiques invisibles ne se contentent pas de manipuler de façon évidente. Il utilise des outils si subtils que vous ne les remarqueriez peut-être pas avant d'avoir remis en question votre réalité, de vous être fait des reproches et de vous sentir seul. Examinons ces tactiques afin que vous sachiez exactement comment elles fonctionnent et, surtout, comment les distinguer parvenir.

L'Éclairage au Gaz et la Manipulation Émotionnelle: L'éclairage par le gaz est le principal outil du narcissique dissimulé. Au lieu de mensonges flagrants, il s'agit de vous amener lentement à remettre en question ce que vous saviez. Il fait des allusions subtiles, vous fait douter de vous-même et remettre en question vos souvenirs jusqu'à ce que vous soyez dans un état d'incertitude permanent.

Le gaslighting se déploie graduellement, avec de petits commentaires dédaigneux comme «Es-tu sûr que c'est ce qui s'est passé?». Chacune de ces remarques sème le doute jusqu'à ce que ce soit vous qui disiez: «J'ai peut-être tort.» Cette tactique crée une dépendance à l'égard de leur version des faits.

Il en va de même lorsque vous évoquez des événements passés. Imaginez que vous évoquiez une chose qu'ils ont dite et qui vous a blessé. Au lieu de s'excuser, il nie que cela s'était produit ou prétend que vous aviez mal compris. Au fur et à mesure, vous douteriez de vous-même, vous auriez l'impression d'avoir réagi de manière excessive et vous dépendriez d'eux pour obtenir des "éclaircissements".

Imaginons deux amies, Clarissa et Jules, qui travaillent ensemble depuis longtemps dans la même entreprise. Lorsque Clarissa a commencé à gravir les échelons, la jalousie de Jules ne s'est pas manifestée de manière évidente. Elle s'est efforcée de semer le doute dans l'esprit de Clarissa quant à ses capacités et à ses collègues. Elle lui dit par exemple: "Es-tu sûre de pouvoir faire confiance au jugement de Mike? On dirait qu'il tente de te faire tomber en faisant des choses dans ton dos." Ou "Je ne sais pas si cette présentation va vraiment attirer l'attention de tout le monde. Cette idée est trop farfelue pour prendre un risque". Les commentaires constants de Jules créant des doutes dans son esprit, la confiance de Clarissa en elle-même, en ses idées et en ses collègues a commencé à s'effondrer, ce qui a eu un impact négatif sur sa productivité.

Chantage Émotionnel et Agression Passive: Le traitement silencieux est l'arme secrète d'un narcissique dissimulé, retirant son affection ou sa communication pour vous faire sentir à bout de nerfs, incertain et désespéré de vouloir arranger les choses sans savoir ce que vous aviez fait de mal. Ce ne serait pas de la colère, ce serait du contrôle.

Au lieu de communiquer et de discuter du problème, il choisit de se retirer, vous laissant sans rien à faire. En fin de compte, vous finiriez par vous remettre en question, en vous imaginant toutes sortes de scénarios et de pensées dans lesquels vous êtes le seul à blâmer, et par devoir apporter des changements puisque vous n'êtes accueilli que par le silence. La personne qui n'a rien à dire laisse à l'autre tout ce qu'il faut évaluer et penser puisqu'il n'a aucune information à sa disposition. D'où le concept de contrôle par le silence.

Un narcissique dissimulé utilise également la déception et une culpabilité subtile pour vous contrôler. Il ne dit pas «Fais ça pour moi», mais sa désapprobation silencieuse vous donne l'impression d'être responsable. Au fil du temps, vous commencez à modifier votre comportement pour éviter son jugement silencieux, en lui donnant involontairement le contrôle sans qu'il ait besoin de vous le demander.

Imaginez que vous soyez enthousiaste à l'idée de prendre une décision importante, comme un nouveau travail ou un déménagement, et que vous espériez un soutien. Au lieu de s'y opposer ouvertement, le narcissique dissimulé vous répondrait: «Je veux juste ce qu'il y a de mieux pour toi» ou «J'ai peur que tu fasses une erreur». Cela semble bienveillant, mais le message est clair: tu as tort, et je le sais mieux que toi. Cette culpabilisation déguisée jette le doute sur vos choix tout en les présentant comme sages et encourageants. Il s'agit d'une tactique subtile visant à miner votre confiance, à vous faire douter et à vous rendre dépendant de son approbation.

Triangulation et Tactiques de Contrôle: La triangulation est l'art d'introduire une troisième personne dans vos conflits, non pas pour servir de médiateur, mais pour que vous vous sentiez isolé. Il s'agit d'ajouter le point de vue de quelqu'un d'autre pour vous mettre la pression et vous donner l'impression que vous êtes dans l'erreur sans qu'il ait à l'exprimer lui-même. Imaginons que vous soyez en plein désaccord et que, soudain, la personne vous mentionne l'opinion de quelqu'un d'autre: «Même ta sœur pense que tu es une mauvaise personne»: «Même ta sœur pense que tu n'es pas raisonnable» ou "J'ai parlé à mon ami et il comprend parfaitement ma position".

Ce n'est plus seulement leur opinion contre la vôtre. Maintenant, il y a un tiers présumé qui est «d'accord» avec eux, et vous êtes en infériorité numérique. Cette tactique est conçue pour vous donner l'impression que c'est peut-être vous qui manquiez quelque chose, qu'il y a un consensus contre vous. Elle vous isolerait et vous ferait douter encore plus de vous-même.

Les narcissiques invisibles ne choisissent pas au hasard les personnes qu'ils veulent impliquer dans la situation; ils les choisissent avec beaucoup de soin. Il trouve des personnes qui sont plus susceptibles d'avoir de la sympathie pour lui ou qui ne connaissent peut-être pas toute l'histoire. Ils se positionnent en tant que «victime» ou «partenaire en difficulté», brossant un tableau qui leur attire la sympathie. Il se peut qu'il parle à son meilleur ami en lui disant simplement: «Je ne sais pas comment gérer la situation; c'est tellement difficile parfois.» Ne voyant que son côté, cet ami pourrait dire: «Je suis désolé, ça a l'air dur».

Avec cette simple reconnaissance, le narcissique a maintenant des munitions sous la forme d'un soutien et d'une autre voix qui appuie son point de vue sur la situation. Il reviendrait vers vous en disant: «Même ton ami pense que j'ai raison», transformant un commentaire sympathique en une approbation totale de sa position. C'est une façon de mettre toutes les chances de son côté, de vous faire sentir isolé et de vous donner l'impression que tout le monde est de son côté.

Imaginez que vous soyez dans une relation où chaque désaccord se transforme en procès public, votre partenaire faisant appel à des amis communs comme Jean pour le «soutenir» en disant des choses comme «Jean pense que tu es trop dur». Soudain, vous ne vous contentez plus de débattre avec votre partenaire; vous avez l'impression que tout le monde est contre vous, ce qui vous isolerait encore plus. Que Jean ait réellement dit quelque chose ou pas, cette tactique vous amène à remettre en question votre propre point de vue, ce qui vous rend encore plus dépendant du récit du narcissique. Il est essentiel de reconnaître cette manipulation pour fixer des limites et protéger votre paix et votre santé mentale.

Le Cycle du Contrôle Toxiques

Les narcissiques dissimulés utilisent un cycle de contrôle qui vous maintient pris dans un réseau de hauts et de bas. Ce cycle est soigneusement conçu pour que vous reveniez chercher son approbation, en vous privant subtilement de votre confiance et de votre indépendance. Il n'est pas facile de reconnaître ce cycle, mais c'est essentiel si vous voulez vous libérer. Passons en revue chaque étape de ce contrôle toxique, étape par étape.

Les Montagnes Russes Émotionnelles de l'Abus Narcissique

Une tactique courante consiste à vous inonder d'amour et de flatteries, puis à se retirer. Le narcissique dissimulé commence par vous couvrir d'éloges, de flatteries et d'attention, en vous faisant sentir que vous avez une valeur unique, mais une fois que vous êtes investi, il se retire, devient distant ou critique. Ce changement vous pousse à essayer de comprendre ce qui n'avait pas fonctionné, en cherchant désespérément à regagner son approbation. Le cycle de l'amour et du retrait vous rend accro, vous incitant à rechercher constamment ses louanges, même si elles ne vous semblaient jamais suffisantes.

Imaginez le partenaire d'Emma, la louant un jour comme la personne la plus extraordinaire, puis se montre distant le lendemain, la critiquant subtilement. Il la repousse lorsqu'elle tente de renouer le contact, en lui donnant l'impression d'exagérer. Ce va-et-vient maintient Emma concentrée sur la recherche de sa cordialité, créant un cycle épuisant qui la lie à ses humeurs imprévisibles.

Pour garder le contrôle, le narcissique dissimulé vous isole des autres en se positionnant comme le seul à vous comprendre. Des déclarations telles que «Personne ne te comprend comme moi» vous donnent l'impression de dépendre de lui pour obtenir une validation, ce qui érode peu à peu la confiance dans le point de vue d'autrui. Pour Emma, cela l'a amenée à se reposer uniquement sur son partenaire, à se sentir coupée des autres systèmes de soutien et incapable de voir au-delà de l'influence de ce dernier.

Identifier les Signes de Contrôle

Le contrôle exercé par un narcissique dissimulé est discret mais constant, intégré dans la vie quotidienne. Au lieu d'exiger quelque chose, il vous propose des «suggestions» qui semblent utiles mais qui façonnent subtilement votre comportement. Il peut vous dire que vous êtes plus beau dans certains vêtements ou laisser entendre que certains amis ne sont pas «bons pour vous». Au fil du temps, ces suggestions deviennent des habitudes et vous vous retrouvez à faire des choix en fonction de leurs préférences.

Cette érosion se produit progressivement. Les commentaires «utiles» sur votre travail ou vos loisirs augmentent et sont plus pointus, ce qui rend leurs opinions essentielles à vos choix. Ces commentaires subtils planteraient une graine et, avant même que vous ne vous en rendiez compte, vous façonnez vos choix et vos décisions uniquement en fonction de leur approbation. Vous perdriez progressivement votre indépendance et tous vos choix de vie dépendraient de leurs commentaires.

L'Impact sur Votre Santé Mentale: Vivre dans ce cycle vous épuise, vous rend anxieux, constamment sur le qui-vive et vous remettrait en question. Les narcissiques dissimulés renforcent ce contrôle progressivement, vous isolent et remplacent vos instincts par leur voix. Il ne s'agit pas d'un stress occasionnel, mais d'un doute chronique sur vous-même qui vous éloigne des autres, vous faisant sentir seul même lorsque vous êtes entouré de gens.

Ce contrôle s'installe si lentement que vous doutiez déjà profondément de vous-même au moment où vous le voyez, en sentant que vous ne pouvez pas vivre sans eux. Ils jouent sur le long terme, se présentant comme dévoués et solidaires jusqu'à ce que vous deveniez complètement dépendant de leur approbation.

Dans l'Esprit d'une Narcissique

La thérapie n'est pas un astuce accepté facilement par les narcissiques; en tout cas, pas habituellement. Cependant, examinons le cas d'Elena, une femme de 31 ans qui avait commencé une thérapie avec un monde de conflits: personnels, professionnels et internes.

Diagnostiquée avec un trouble de la personnalité narcissique (TPN) associé à des traits limites et paranoïaques, elle se considérait comme plus intelligente que la plupart, méprisant souvent les figures d'autorité et les considérant comme incompétentes. Ce dédain n'était pas réservé à ses supérieurs; il s'infiltrait dans ses relations, la laissant constamment en conflit avec ses collègues et mettant fin à ses relations amoureuses brusquement, l'une après l'autre, jusqu'à ce qu'elle ne ressente plus que de l'isolement et du ressentiment.

Sous cette image rigide d'elle-même, se cachait une fragilité: un noyau brut et protégé de méfiance et d'hypersensibilité à la moindre critique. Mais montrer sa faiblesse n'était pas une option. Elle portait un masque de mépris et de mépris envers quiconque qu'elle considérait comme inférieur, en ne demandant jamais d'aide et en gardant les autres à distance. Lors de ses premières séances, elle était sur ses gardes comme un mur; elle voyait le thérapeute comme un adversaire, le défiant constamment avec des piques intellectuelles, évaluant chacun de ses mouvements, en refusant de céder un pouce de contrôle. Former une alliance? Presque impossible. Chaque fois qu'il essayait d'établir un lien, elle le fermait, en redoublant d'efforts pour le maintenir à distance, sa vulnérabilité et lui-même

Mais ce thérapeute était perspicace. Il savait que s'approcher trop d'elle déclencherait sa paranoïa, alors il restait léger mais ferme, acceptant ses défis avec un côté ludique et tenant bon. Plutôt que d'essayer de briser ses murs, il égalait son intensité, en se tenant sur un pied d'égalité dans le discours, et non comme un thérapeute cherchant à la «réparer». Cette approche? Exactement ce dont elle avait besoin pour commencer à le voir comme quelqu'un qu'elle pouvait respecter plutôt qu'une autre figure d'autorité essayant de la contrôler.

Au cours d'une discussion sur l'équation de Schrödinger, un moment charnière s'est produit lorsque le thérapeute a admis qu'il ne le savait pas. Cela a arrêté Elena dans son élan. Elle était abasourdie: elle s'attendait à ce qu'il soit une encyclopédie ambulante, prête à relever tous les défis intellectuels. Mais il était là, admettant ouvertement une lacune dans ses connaissances. Ce seul aveu a ouvert une porte.

À sa grande surprise, le vide intérieur d'Elena a commencé à faire surface. Le vide qu'elle ressentait lorsque les autres n'étaient pas à la hauteur de ses normes rigides et impossibles. Ce moment lui a permis de se rendre compte de sa vulnérabilité et de se confronter à une vérité qu'elle avait cachée: les imperfections des autres ont réveillé ses propres insécurités profondément ancrées. Cette prise de conscience a été un tournant, elle a abandonné son désir incessant de surpasser les autres pour se tourner vers une volonté, nouvelle et brute, de voir réellement ses propres besoins et faiblesses.

Au fur et à mesure que la thérapie s'approfondissait, Elena s'est ouverte sur son passé, mettant à nu la dynamique familiale dysfonctionnelle qui l'avait façonnée. Elle a décrit sa mère comme une rigide perfectionniste qui refusait toute chaleur, obsédée par les apparences et la discipline, sans laisser de place à la tendresse. Sa mère, par exemple, n'appelait même pas un médecin quand Elena était malade; elle était trop occupée à s'inquiéter de l'image qu'elle pourrait donner au monde extérieur. Cette négligence avait semé les graines de l'abandon et du ressentiment féroce, poussant Elena à construire des murs d'autonomie et de mépris. Elle avait appris à se débrouiller seule et à exclure les autres, tout cela pour se protéger contre davantage de souffrance.

Ces révélations ont touché le cœur de son armure narcissique: son agressivité et son besoin de contrôle. Ce n'était pas par hasard. C'étaient des défenses bien ancrées, sa façon de repousser toute menace contre son fragile sentiment d'estime de soi. Lorsque le thérapeute a validé sa colère et son ressentiment, quelque chose s'est ouvert. Pour la première fois, elle a pu affronter ces émotions sans honte, se frayant un chemin vers une compréhension plus vraie et plus saine des dommages et des abus auxquels elle avait survécu.

L'autonomie farouche d'Elena transparaissait dans tous les recoins de sa vie, même dans les tâches les plus petites et les plus banales comme le ménage. Son nettoyage méticuleux n'était pas seulement une habitude, c'était un contrôle, un bouclier d'indépendance auquel elle s'accrochait pour se sentir en charge. Au cours d'une séance, elle a décrit la fierté qu'elle tirait de ces routines. Le thérapeute a répondu en partageant sa propre expérience du nettoyage dans l'armée, en égalisant les règles du jeu et en changeant l'ambiance pour une ambiance de respect, et non de supériorité. À ce moment-là, Elena a réalisé quelque chose de capital: laisser les autres l'aider ne la rendait pas faible. Pour elle, c'était un tournant, un bouleversement complet de son idée selon laquelle avoir besoin de quelqu'un signifiait être vulnérable. Mais lorsque le thérapeute a fait preuve d'un mélange de compétence et d'humilité, Elena a commencé à voir que s'appuyer sur les autres n'était pas une menace; c'était humain, une force, pas un handicap.

Au fur et à mesure que la thérapie se déroulait, Elena a commencé à faire face à son vide intérieur, ce vide brut et douloureux qu'elle avait enfoui sous des couches de fierté et de supériorité. À chaque séance, sa capacité à réfléchir sur elle-même s'est affinée, la forçant à affronter la fragilité qu'elle avait niée pendant si longtemps. Elle a commencé à voir que son estime de soi n'était pas liée à une supériorité intellectuelle ou à une farouche indépendance. Progressivement, elle s'est autorisée à construire des relations fondées sur le soutien mutuel, en laissant les soins circuler dans les deux sens.

À la fin, la vie d'Elena était à peine reconnaissable par rapport à celle de ses débuts. Elle a conservé son emploi, cultivé de véritables amitiés et épousé son partenaire au lieu de le chasser de sa vie. Ses relations professionnelles et personnelles ont changé à mesure qu'elle avait appris à tempérer son esprit de compétition par l'empathie et la vulnérabilité. Lors de son bilan de trois ans, elle ne montrait aucune trace du trouble de la personnalité qui la hantait; sa dépression, son anxiété et ses pensées suicidaires avaient toutes disparu du passé.

Mesures Concrètes

Il est utile d'avoir quelques étapes concrètes pour essayer de se libérer de l'emprise d'un narcissique dissimulé. Nous les approfondirons plus tard, mais abordons-en quelques-unes qui sont essentielles dès le départ.

Repérez les Schémas

Notez les interactions récentes où vous vous êtes senti confus, coupable ou avez douté de vous-même. Recherchez des signes de manipulation, comme le gaslighting ou le chantage émotionnel. Identifier ces schémas vous aideraient à voir le cycle plus clairement.

Reprenez les Petites Décisions

Commencez à faire des choix, aussi petits soient-ils, sans rechercher leur approbation. Décidez d'une tenue, d'un événement social ou d'une activité en fonction uniquement de ce que vous voulez. Remarquez ce que vous ressentez en faisant confiance à vos propres préférences.

Renouer avec le Soutien

Contactez des amis ou des membres de la famille dont vous vous êtes peut-être éloigné. Organisez des contrôles réguliers ou des rencontres informelles pour reconstruire votre réseau de soutien en dehors de l'influence du narcissique. N'oubliez pas qu'il veut que vous soyez isolé et compte sur vous pour vous taire et ne pas partager vos expériences avec les autres. Briser votre silence auprès d'une personne de confiance est une étape importante pour briser les liens qui vous unissent à votre agresseur.

Questions Qui Incitent à la Réflexion

- Quand ai-je ressenti pour la dernière fois un sentiment de bonheur et de confiance en moi sans l'approbation de quelqu'un d'autre? Que faisais-je et avec qui étais-je?

- Existe-t-il des schémas d'éloges et de critiques dans ma relation qui me poussent à rechercher constamment leur approbation?

- À quelle fréquence est-ce que j'ajuste mes choix pour éviter de décevoir quelqu'un? Que se passerait-il si je donnais la priorité à mes propres besoins pour une fois?

- Est-ce que je prends des décisions dans mon propre intérêt ou est-ce que je prends des décisions par peur de leur réaction? Expliquez.

Réfléchir à ces questions et faire de petits démarche peut vous aider à sortir du cycle et à reprendre le contrôle de votre vie.

Chapitre 2: La Cage Émotionnelle – Comprendre l'Expérience de la Victime

Imaginez vivre dans un monde où vous vous remettez constamment en question, où vous vous posez des questions sur votre valeur et où vous vous sentez piégé dans une cage invisible. C'est ce que l'on peut ressentir lorsqu'on est pris au piège émotionnel d'un narcissique dissimulé. Les barreaux de cette cage ne sont pas en acier, ils sont construits à partir de manipulations subtiles, de manipulations au gaz et de retrait émotionnel qui vous feraient douter de vos propres perceptions. Dans ce chapitre, nous allons entrer dans l'esprit d'une personne prise au piège dans cette dynamique, en explorant la douleur, la confusion et l'isolement uniques qui définissent son expérience. En comprenant la cage émotionnelle, nous pouvons commencer à la démanteler pièce par pièce.

L'Impact Psychologique

Un narcissique dissimulé ne brise pas votre confiance en vous d'un seul coup. Au lieu de cela, il la mine, commentaire après commentaire, jour après jour. Il émet des critiques subtiles masquées sous le couvert de «préoccupations», laissant entendre que vos choix, votre apparence ou vos capacités sont «presque bons», mais pas tout à fait là. Au fil du temps, ces petites remarques s'accumulent, en vous faisant sentir inadéquat, peu importe vos efforts.

À chaque petit commentaire négatif, vous commencez à vous remettre en question, à douter de votre valeur. Les narcissiques dissimulés déforment habilement la réalité pour vous faire croire que tout problème dans la relation est de votre faute. En manipulant votre perception de vous-même, ils vous font sentir responsable de leur malheur, en vous laissant remettre en question votre valeur et vous blâmer pour la plus petite des choses. Vous avez souvent l'impression de les avoir laissés tomber et qu'ils sont bien plus compétents que vous.

Reprendre confiance en soi commencerait par reconnaître le schéma. Tenez un journal, en notant les moments où vous vous sentez critiqué ou diminué. Comparez votre perception de vous-même avant et après les interactions où vous avez l'impression d'être manipulé par la personne en question pour voir le changement. Ensuite, pratiquez l'affirmation de soi; rappelez-vous quotidiennement vos forces et vos capacités. Lentement mais sûrement, cela vous aiderait à reconstruire votre confiance et à renforcer vos limites contre la négativité.

Prendre soin de soi serait quelque chose de sous-estimé, mais si vous vous en tenez à une routine de dialogue intérieur positif, d'auto-évaluation de vos traits positifs et d'activités qui vous aideraient à exceller personnellement et dans votre carrière, cela vous permettrait de développer votre force et votre capacité à devenir plus vif et à l'écoute de votre environnement.

Dissonance Cognitive: Réconcilier Deux Versions du Narcissique

Un narcissique dissimulé se présente souvent comme un partenaire attentionné et compréhensif aux autres. Cette personnalité publique contraste fortement avec le côté contrôlant et critique qu'il montre derrière les portes closes. Cette séparation crée un sentiment de coup du lapin, et vous vous retrouvez à essayer de réconcilier la personne que vous voyez avec la personne que les autres connaissent.

Ce comportement à double face crée ce qu'on appelle la dissonance cognitive, un inconfort psychologique qui vous oblige à entretenir deux croyances contradictoires. Vous connaissez le côté blessant de votre partenaire, mais tout le monde le voit comme «parfait». Cette dissonance vous maintient coincé, remettant en question vos expériences et vos perceptions et vous accrochant à l'espoir que le «bon» côté de lui est réel.

Se libérer de la dissonance cognitive implique d'apprendre à faire confiance à votre instinct. Au lieu de rationaliser son comportement, concentrez-vous sur ce que vous ressentez. Si vous êtes constamment anxieux, que vous doutez de vous-même ou que vous marchez sur des œufs, faites confiance à ces sentiments. Votre instinct serait un outil puissant qui vous aiderait à reconnaître quand quelque chose ne va pas, vous permettant de sortir du piège et de voir la vérité plus clairement.

Épuisement Émotionnel et Burnout

Être en présence d'un narcissique dissimulé exige une vigilance mentale constante. Vous vous adaptez et vous vous demandez toujours à quoi vous allez faire face ensuite: le côté chaleureux et charmant ou le côté froid et dédaigneux. Cette adaptation continue vous épuise mentalement et émotionnellement, qn vous donnant l'impression de vous battre sans fin pour lui plaire.

Les signes d'épuisement émotionnel pourraient vous surprendre: vous sentir mentalement confus, manquer d'enthousiasme pour les moyens que vous aimiez autrefois et être constamment anxieux ou tendu. Des symptômes physiques, comme des maux de tête, des troubles du sommeil ou même des nausées fréquentes, pourraient également apparaître. Il est essentiel de reconnaître ces signes; ils indiquent clairement que la relation nuit à votre bien-être.

Commencez à protéger votre énergie en fixant de petites limites gérables. Décidez des «non-négociables», des moyens que vous ne tolérerez plus, comme répondre à des critiques sans fin. Entraînez-vous à dire «non» lorsque cela est nécessaire et donnez la priorité aux rituels de soins personnels qui vous revigorent. Passer du temps avec des amis qui vous soutiennent, ou participer à des activités que vous aimez vous aiderait à renforcer votre résilience, vous permettant de protéger votre énergie et de réduire les conséquences émotionnelles de la manipulation du narcissique.

L'Utilisation de la Culpabilité et de la Honte par le Narcissique

Utiliser Votre Empathie Comme Arme

Les narcissiques dissimulés sont souvent attirés par les individus gentils et empathiques, car ils savent que ces personnes sont naturellement compatissantes et enclines à faire passer les besoins des autres avant les leurs. Les personnes empathiques veulent aider, réparer et apaiser les autres, ce qui en fait des cibles faciles pour les narcissiques en quête de validation et de soutien constants.

Un narcissique dissimulé utilisera votre compassion à son avantage, en encadrant ses difficultés d'une manière qui vous touche au cœur. Il parlera de la difficulté de sa vie ou exagérera les petits désagréments, sachant que vous vous sentirez obligé de le réconforter et de le soutenir, même si cela signifie sacrifier votre propre bien-être.

Plutôt que de laisser l'empathie être une faiblesse, revendiquez-la comme une force. Reconnaissez que même si prendre soin des autres est précieux, cela ne doit pas se faire au détriment de votre estime de soi ou de vos limites.

Pratiquez d'abord l'autocompassion et établissez des limites quant à l'énergie émotionnelle que vous investissez envers les autres, en particulier ceux qui pourraient exploiter votre gentillesse.

Culpabilisation et Rôle de Victime

Les narcissiques dissimulés se présentent souvent comme incompris ou en lutte sans fin, créant un récit de victimisation qui vous fait sentir responsable de leur bien-être. Ils vous accrochent à leur monde en partageant fréquemment des histoires de leur «vie difficile» ou du fait que «personne ne les comprend vraiment», en vous faisant sentir coupable si jamais vous envisagez de prendre du recul.

Il est essentiel de faire la distinction entre une véritable empathie et la fausse culpabilité qu'ils vous imposent. Si vous vous sentez constamment coupable ou anxieux sans raison claire, demandez-vous si ces sentiments proviennent de vos propres actions ou s'ils ont été implantés là par le récit de victime du narcissique. La vraie culpabilité vient des actions que vous regrettez; la fausse culpabilité résulte de la manipulation.

Éviter les pièges de la culpabilité, commencez par reconnaître quand vous vous sentez obligé de «sauver» quelqu'un de ses propres problèmes. Rappelez-vous que vous n'êtes pas responsable de la réparation de la vie de quelqu'un d'autre, surtout s'il ignore continuellement vos besoins. Fixez des limites émotionnelles fermes et lorsque vous sentez un sentiment de culpabilité commencer, ancrez-vous dans la conscience que vous méritez des relations fondées sur le soutien mutuel.

La Honte: Leur Arme la plus Puissante

La honte est une arme puissante pour les narcissiques dissimulés. Au lieu d'attaquer directement, ils pourraient vous dire des choses comme: «Je pensais que tu étais plus attentionné» ou «Je ne m'attendais pas à ça de ta part.» Ces déclarations vous font sentir profondément imparfait, comme si vous les aviez laissés tomber simplement en étant vous-même.

La manipulation basée sur la honte peut être subtile, en vous faisant sentir «moins que» sans le dire explicitement. Si vous remarquez un sentiment persistant d'inadéquation ou si vous avez l'impression de vous excuser constamment pour qui vous êtes, reconnaissez que ces sentiments sont peut-être implantés. Les narcissiques dissimulés utilisent souvent la honte pour vous maintenir dans un état d'insécurité et pour vous faire désirer leur approbation.

Pour vous remettre de la honte, commencez par pratiquer l'autocompassion et reconnaître votre valeur intrinsèque. Rappelez-vous que l'opinion de personne d'autre ne définit votre valeur. Adoptez des activités et des relations qui vous font sentir confiant et complet. Construire l'estime de soi est un processus continu, mais chaque démarche que vous faites renforce le sentiment que vous êtes suffisant tel que vous êtes, que vous n'avez plus besoin de la validation ou de l'approbation de ceux qui cherchent à vous démolir.

Liens Traumatiques: La Dépendance au Cycle de la Violence

Les liens traumatiques créent une dépendance émotionnelle aux hauts et aux bas d'une relation. Le cerveau devient accro aux cycles imprévisibles d'affection et de critique, aspirant aux hauts et aux bas. Chaque «bon moment» est ressenti comme une récompense, ce qui rendrait difficile de voir la relation telle qu'elle était vraiment.

Ce cycle implique une affection intense (bombardement d'amour) suivie de froideur ou de critiques (dévalorisation). Le bombardement d'amour initial crée un sentiment de sécurité et de joie, tandis que la dévalorisation qui suit vous oblige à vous démener pour regagner la faveur de l'autre. Ce schéma alterné vous maintient émotionnellement déséquilibré et dépendant de son approbation.

Briser un lien traumatique nécessite de reconnaître le cycle pour ce qu'il est: une méthode de contrôle. Commencez par rechercher du soutien en dehors de la relation et prenez le temps de réfléchir à ce que vous méritez vraiment. Concentrez-vous sur votre bien-être, détachez-vous de leurs hauts et de leurs bas et ayez confiance qu'une vie sans ces manipulations est possible et libératrice.

Comprendre le Syndrome de Stockholm dans les Relations

Les victimes de narcissisme dissimulé peuvent commencer à rationaliser ou à défendre le comportement de leur agresseur comme un moyen de faire face à la douleur émotionnelle. Elles croient que le narcissique «les aime vraiment» malgré les mauvais traitements, s'accrochant aux bons moments pour justifier leur maintien. Cette loyauté les piège, les faisant croire que les problèmes de la relation sont «normaux».

Le narcissique dissimulé utilise une manipulation subtile pour créer un sentiment de dépendance, vous donnant l'impression qu'il est le seul à «vous comprendre vraiment». Cette puissante emprise émotionnelle vous fait vous sentir reconnaissant pour toute gentillesse et réticent à partir malgré le mal qu'il cause.

Pour vous libérer, commencez par reconnaître que le lien n'est pas enraciné dans un amour ou un respect authentique. Réfléchissez aux moments qui vous ont fait vous remettre en question et rappelez-vous que les relations saines ne nécessitent pas ce niveau de sacrifice. Le fait de demander à des amis ou à des professionnels de confiance de prendre du recul pourrait vous apporter le soutien dont vous aviez besoin pour laisser derrière vous le cycle toxique.

Reprendre le Pouvoir

Reprendre le pouvoir signifie; se détacher mentalement de l'influence du narcissique. Entraînez-vous à séparer votre identité de ses opinions, à reconnaître vos propres valeurs et à valider vos sentiments. Avec le temps, le détachement émotionnel devient plus facile, vous permettant de vous voir clairement sans son récit.

Stratégies Pratiques pour Reconstruire Votre Vie: Commencez par vous fixer de petits objectifs axés sur votre bonheur et votre indépendance. Reprenez contact avec vos passe-temps, renforcez votre réseau de soutien et engagez-vous dans des routines de soins personnels. Construire une vie épanouissante en dehors de la relation renforce votre estime de soi, ce qui vous permettrait d'avancer plus facilement en toute confiance.

Comment Arrêter de Justifier Leur Comportement:

Arrêtez le cycle de justification en reconnaissant que vous n'avez pas besoin de défendre leurs actions auprès de qui que ce soit, surtout pas auprès de vous-même. Chaque fois que vous vous surprenez à leur trouver des excuses, faites une pause et rappelez-vous le mal qu'ils avaient causé. Chaque fois que vous renforcez vos limites, vous récupérez une partie de votre autonomie et rétablissez la confiance en votre propre jugement.

Étude de Cas: Madison et Sa Mère (du point de vue de Madison)

J'ai toujours su que quelque chose n'allait pas avec ma mère, vous savez? Ce sentiment lancinant qui couvait sous la surface. Elle faisait ces... choses étranges, mais en tant qu'enfant, qu'est-ce que vous en savez? Vous ne remettez pas en question ce qu'on vous donne comme étant «normal». Mais elle a persisté pendant que je grandissais, insistant sur le fait que j'étais le problème. Lentement, comme un brouillard qui s'installe, j'ai commencé à perdre de vue ce qui était réel. Elle n'était pas vraiment chaleureuse ou gentille, mais une narcissique? Allez: les narcissiques sont tous des types bruyants, qui se frappent la poitrine, qui disent «regarde-moi», n'est-ce pas? Et ce n'était pas elle. Non, au contraire, elle avait cette énergie d'autodérision, de «malheur à moi». Elle lançait des phrases comme «Je sais que je ne suis pas aussi forte que toi» ou «J'aimerais avoir autant de talent que toi». Le tout enveloppé dans ce ton humble et doux. Comment pouvait-elle être narcissique?

Passons maintenant à la fac, en deuxième année. Je suis en cours de mythologie et de littérature, et on nous a demandé de décortiquer l'un des mythes d'Ovide. Naturellement, j'ai choisi Narcisse et Écho: la santé mentale m'a toujours fascinée, donc ça m'a semblé juste. J'ai commencé par les bases, prête à plonger dans le classique Narcisse: ce type obsédé par lui-même, qui ne pense qu'à lui-même. Mais à mesure que j'approfondissais mes recherches, quelque astuce n'arrêtait pas de surgir: «narcissisme manifeste». C'était comme si l'univers m'avait lancé un défi, en faisant clignoter un panneau lumineux qui criait: «Creusez plus profondément». Je me suis arrêtée, en pensant: «Attendez, il existe un autre type de narcissisme?»

Puis ça m'a frappé, comme si j'avais appuyé sur un interrupteur. J'ai tout donné, en quête de tout ce qui rendrait ce devoir différent. Echo devait être là pour une raison, non? Il ne pouvait pas s'agir uniquement de Narcisse.

C'est là que j'ai trouvé: «le narcissisme dissimulé». Boum. Tout s'est mis en place. Je ne lisais pas seulement un trait de personnalité abstrait; je lisais sur ma mère. Ses soupirs, ces commentaires discrets et voilés, la façon dont elle se glissait en arrière-plan mais parvenait toujours à me donner l'impression que je l'avais en quelque sorte laissé tomber. C'était comme entrer dans un tout nouveau monde. Soudain, ce devoir ne concernait plus l'école. Il me concernait.

J'essayais de démêler cette dynamique tordue avec elle, depuis des années. Elle était la martyre perpétuelle, l'éternelle victime, trouvant toujours un moyen de se faire passer pour celle qui avait tout sacrifié. Elle ne se vantait pas, mais la façon dont elle présentait les choses me tombait toujours dessus. Il n'y avait pas de victoire. Si je réussissais, elle me disait l' habituel: «Je n'ai jamais eu ces chances» ou «Je suis juste si heureuse que tu ne fasses pas mes erreurs.» Mais si j'échouais? Oh, alors elle me disait: «Je ne veux pas que tu luttes comme moi» ou «J'ai fait de mon mieux en tant que parent.» Subtile, brutal, implacable. Vous ressentez ça?

Puis je suis tombée sur cet article sur les narcissiques dissimulés qui gravitent vers les types empathiques, des gens qui se précipitent, portent le poids et ressentent une douleur qui n'est pas la leur. Soudain, tout a pris un sens. Pas étonnant qu'elle soit passée maître dans l'art de me faire sentir que son bonheur dépendait de moi. J'annulais des plans si elle mentionnait qu'elle se sentait «déprimée» et je laissais tomber mon propre travail pour l'aider dans ses tâches ménagères. Elle me remerciait d'une voix calme et reconnaissante, juste assez culpabilisée pour me donner l'impression que j'étais le ciment qui maintenait sa vie ensemble.

Plus je lisais, plus tout s'emboîtait. Elle avait toujours joué ce jeu, si subtil que je ne l'avais jamais vu. J'avais passé des années à échouer, à courir après son bonheur qui, d'une manière ou d'une autre, me glissait toujours hors de portée. Et c'était ma faute. Elle n'avait jamais eu à le dire; c'était dans les regards, les soupirs, les regards déçus, les hochements de tête. Chacun d'eux était une petite accusation implicite.

Puis, j'ai découvert le concept de gaslighting. La pièce finale. Elle disait des choses comme: «Je ne t'ai jamais demandé de faire ça», lorsque je suivais ses allusions, Ou: «Tu es trop sensible, ce n'est pas ce que je voulais dire», chaque fois que je ripostais. Je me mettais en spirale, doutant de mon propre esprit. «Est-ce qu'elle a vraiment dit ça? Est-ce que je réagis de manière excessive?» Je me tordais mentalement et, d'une manière ou d'une autre, j'avais toujours tort.

Et voilà le hic: elle se comportait comme si j'étais celui qui avait le pouvoir. «Tu es si fort, je ne pourrais jamais faire ce que tu faisais.» Une autre couche du piège. Plus je la sauvais, plus elle renforçait l'idée que j'étais son roc, son sauveur, le seul à la maintenir à flot. Et comme ça, chaque fois que je pensais être sur le point de me libérer, elle me ramenait à la surface.

Mesures Concrètes

- Fixez des limites à votre empathie: pratiquez d'abord l'empathie envers vous-même. Sachez reconnaître quand votre gentillesse est exploitée et apprenez à dire «non» sans culpabilité.

- Remettez en question la fausse culpabilité et la honte: si vous vous sentez coupable ou honteux, faites une pause et demandez-vous: «Est-ce basé sur mes propres actions ou sur l'influence de quelqu'un d'autre?» Cela peut vous aider à distinguer les sentiments authentiques des sentiments manipulés.

- Tenez un journal pour suivre les schémas émotionnels: notez régulièrement les hauts et les bas de votre relation. Au fil du temps, cela vous aiderait à révéler les cycles de bombardement d'amour et de manipulation, ce qui faciliterait l'identification et la libération des liens traumatiques.

Questions Qui Incitent à la Réflexion

- Cette relation m'épuise-t-elle ou m'épanouit-elle?

- De quelle manière ai-je ajusté mes valeurs, mes limites ou mes objectifs pour répondre à leurs besoins?

- Quelles parties de ma vie et de ma personnalité me semblent les plus éloignées ou diminuées depuis que je suis en relation avec cette personne?

Chaque démarche vers la confiance en soi et la reconquête de votre valeur serait un puissant démarche en avant, loin des ombres de la manipulation, vers la vie plus lumineuse et plus vraie que vous méritiez.

Chapitre 3: Échapper à l'Emprise: Des Stratégies Concrètes pour se Libérer

Se libérer de l'emprise d'un narcissique dissimulé peut sembler une tâche impossible, mais ce n'est pas le cas. S'échapper ne consiste pas seulement à s'éloigner, mais aussi à se retrouver la propre identité, à fixer des limites et à trouver la force d'avancer. Dans ce chapitre, nous allons nous plonger dans des stratégies concrètes pour vous aider à vous libérer de la toilc émotionnelle et à reprendre le contrôle de votre vie. Qu'il s'agisse de reconnaître les signaux d'alarme ou de créer un système de soutien, il serait temps de vous libérer et d'entrer dans un avenir où vous ne seriez plus défini par la manipulation de quelqu'un d'autre.

Prendre Conscience du Besoin de Changement

Prendre conscience que vous vivez une relation abusive est rarement une révélation soudaine et claire. Il s'agit plutôt d'une série de petits moments qui commencent à s'accumuler. Beaucoup de gens pensent que la violence est évidente, mais le narcissisme dissimulé est différent: il se cache derrière des intentions apparemment «bonnes», ce qui le rend plus difficile à reconnaître jusqu'à ce que vous commenciez à remarquer des schémas au fil du temps.

Les narcissiques dissimulés excellent à semer le doute. Peut-être avez-vous commencé à remettre en question votre mémoire ou à vous sentir coupable sans raison claire. Apprendre à prendre du recul et à observer la fréquence à laquelle vous doutez de vous-même, vous sentez confus ou critiqué peut révéler à quel point la manipulation s'est infiltrée dans votre vie quotidienne.

Une fois que vous avez commencé à remarquer les schémas, autorisez-vous à faire confiance à votre voix intérieure, celle qui pose des questions, qui sent que rien ne va. La conscience de soi commence souvent par un murmure, mais le reconnaître vous permet de développer la force de remettre en question et d'examiner la dynamique de la relation, en vous mettant sur la voie de la liberté.

Prenez Anna, par exemple. Pendant des années, elle a considéré le comportement autoritaire de son partenaire comme de la «sollicitude» et s'est sentie coupable de douter de ses intentions. Mais peu à peu, Anna a remarqué un schéma: chaque fois qu'elle lui annonçait une bonne nouvelle, son partenaire la rabaissait subtilement. Elle a commencé à observer ces moments, à valider ses propres expériences et à croire que son malaise était le signe que rien n'allait. Cette prise de conscience ne s'est pas faite du jour au lendemain, mais s'est progressivement construite à mesure qu'Anna a commencé à relier les points et à se réapproprier sa vérité.

Faire Face aux Peurs et à l'Incertitude

Quitter une relation narcissique secrète signifie souvent affronter la peur de perdre ce qui semble être une stabilité émotionnelle, même si elle est profondément défectueuse. La perspective de s'aventurer dans l'inconnu peut être terrifiante, surtout si vous comptez sur cette personne pour obtenir une validation ou un soutien, aussi conditionnel soit-il. Reconnaître cette peur est la première étape pour la surmonter.

Partir peut susciter des inquiétudes quant à la réaction du narcissique, des menaces ou des culpabilisations aux tentatives de vous attirer à nouveau. Cette anxiété, combinée aux doutes afin de savoir si vous faites ou non le bon choix, peut créer un puissant conflit interne. Comprenez que ces doutes sont naturels; ils font partie de la rupture d'une relation qui vous a conditionné à vous remettre en question.

Les anxiétés courantes incluent la culpabilité d'avoir «abandonné» la personne ou de l'avoir laissée se débattre, ainsi que les inquiétudes concernant l'isolement ou la solitude après le départ. Il est également normal de s'inquiéter: «Et si j'avais tort? Et si c'était vraiment la personne qu'elle prétendait être?» Reconnaître ces anxiétés comme faisant partie du cycle de manipulation pourrait vous aider à voir qu'elles ne sont pas le reflet de la réalité, mais plutôt des tactiques pour vous maintenir dans la relation.

Prenez l'exemple de Jake, qui craignait de quitter sa partenaire parce qu'il pensait qu'il serait perdu sans son soutien. Sa partenaire lui rappelait fréquemment ses «limites», ce qui lui donnait l'impression qu'il ne pouvait pas survivre seul. Mais avec le soutien d'amis et d'un thérapeute, Jake a appris à distinguer les manipulations de sa partenaire de ses propres croyances. Procédant par petites étapes, il a fini par s'éloigner, en affrontant ses anxiétés de front et en découvrant une nouvelle confiance en lui-même, qu'il n'avait jamais imaginée possible.

Questionner la Réalité et Briser le Gaslighting

Le gaslighting crée un brouillard qui peut vous faire douter de vos pensées et de vos sentiments. Le narcissique dissimulé peut déformer les conversations, réécrire l'histoire ou insister sur sa version des événements, en vous laissant dans l'incertitude quant à ce qui est réel. Reconnaître cette désorientation comme intentionnelle peut être votre première étape pour vous libérer de son emprise.

Un réseau de soutien peut vous apporter la clarté dont vous avez tant besoin. Vos amis et vos proches pourraient confirmer vos expériences et vous offrir une perspective en dehors de la bulle manipulatrice. Pratiquer l'affirmation de soi, comme des rappels quotidiens que «mes sentiments sont valables», aide à rétablir la confiance en votre propre perception, contrant les tentatives du gaslighting de contrôler votre réalité.

Lorsque le narcissique essaie de vous ramener au doute, des techniques d'ancrage pourraient vous aider. Respirez profondément, notez vos expériences dans un journal ou sortez un moment pour vous recentrer. Rappelez-vous des moments passés où vous avez reconnu sa manipulation, en vous ancrant dans votre propre vérité.

Prenons l'exemple de Sophia, une survivante d'abus narcissique dissimulé, à qui on disait constamment qu'elle était «trop sensible» chaque fois qu'elle exprimait ses sentiments. Ce n'est que lorsqu'elle a commencé à se confier à une amie proche qui a validé son point de vue que Sophia a pu reconnaître le schéma du gaslighting. Avec du soutien et de l'introspection, elle a progressivement reconstruit son sens de la réalité et a trouvé le courage d'affronter la manipulation de front.

Développer une Stratégie d'Issue

Partir nécessite une préparation pratique. Sécurisez vos finances en mettant de côté des économies ou en ouvrant un compte privé. Aménagez un espace de vie sûr, si possible, et construisez un réseau de soutien sur lequel vous pourriez compter pendant et après la transition. Plus votre plan est complet, moins les obstacles imprévus risqueraient de vous décourager.

Envisagez une protection juridique si nécessaire, comme des ordonnances de restriction ou la documentation des incidents, car les narcissiques peuvent riposter par des menaces, du harcèlement ou des tactiques de culpabilisation. Évitez de partager vos plans avec le narcissique, car le secret peut aider à minimiser les réactions négatives et vous permettre de partir à vos conditions.

Michael, par exemple, a passé des mois à se préparer à quitter sa partenaire, qui utilisait fréquemment la culpabilité et les menaces pour le contrôler. Il a économisé de l'argent, trouvé un endroit sûr où loger et s'est discrètement coordonné avec un ami de confiance qui l'a aidé à déménager. En planifiant soigneusement et en limitant les confrontations, Michael a pu partir sans déclencher d'escalade, ce qui lui a permis de prendre un nouveau départ dans un environnement plus sain.

Préparation Émotionnelle au Départ

Surmonter la Dépendance Émotionnelle

La dépendance émotionnelle envers un narcissique découle souvent d'un lien traumatique, un cycle d'affection et de rejet qui crée un attachement fort et addictif. Malgré la douleur, vous pouvez vous retrouver attiré vers lui, en désirant les moments de validation ou d'«amour» qu'il vous avait donnés comme récompenses temporaires.

Sarah, par exemple, a prévu de quitter son partenaire à plusieurs reprises, mais chaque tentative a été accueillie avec doutes et hésitations. Chaque fois qu'elle essayait de se détacher, son partenaire la comblait de brèves périodes de gentillesse, la ramenant envers lui. Sarah ne s'est libérée qu'une fois qu'elle a reconnu ces schémas et le lien traumatique, se permettant de rechercher des relations plus saines.

Pour commencer à se détacher, essayez de limiter les contacts, même mentalement, en recadrant les interactions de manière neutre et objective. La tenue d'un journal peut également vous aider à reconnaître les schémas répétés de manipulation, vous rappelant pourquoi vous choisissez de partir. Pratiquer des exercices d'affirmation de soi, comme vous rappeler que vous méritez le respect, peut vous aider à recentrer votre attention sur vos propres besoins et votre bien-être.

Aborder la Peur de l'Isolement

Les narcissiques isolent souvent leur partenaire pour garder le contrôle, créant un environnement dans lequel vous avez l'impression de ne pouvoir compter que sur eux. Ils peuvent décourager les amitiés ou limiter vos interactions avec la famille. Reconstruire ces liens avant de partir peut fournir un système de soutien crucial, offrant puissance et perspective aidant à contrarier l'influence du narcissique.

Par exemple, après des années de sentiment de solitude, Sam a contacté ses amis d'enfance, partageant de petites mises à jour progressives sur ses difficultés. Leur compréhension et leur soutien lui ont rappelé qu'il n'était pas seul, lui permettant de planifier sa sortie en toute confiance. Le rétablissement de ces relations l'a aidé à retrouver un sentiment de communauté et de jonction.

Commencez par contacter des amis ou des membres de la famille de confiance, même si cela semblait gênant au début. Rejoignez des groupes de soutien en ligne où d'autres personnes ont vécu des expériences similaires; partager des histoires pourrait valider vos sentiments et offrir un espace sûr. Donnez la priorité à de petits efforts constants pour entretenir ces liens. Au fil du temps, ces relations formeront un réseau de soutien précieux pour vous aider à vous éloigner du narcissique.

Briser le Cycle de la Culpabilité et de la Honte

Le sentiment de culpabilité qui ensuive du fait de quitter un narcissique peut être accablant, car il vous convainc souvent que tout ce qui ne allait pas, était en quelque sorte de votre faute. Reconnaissez que sa manipulation a été conçue pour vous faire sentir responsable de son malheur. Rappelez-vous que la violence n'est jamais justifiée et que vous n'êtes pas responsable de son comportement ou de la dynamique qu'il a créée.

Commencez chaque journée par des affirmations telles que «Je mérite la paix et le respect» ou «Partir était mon choix pour protéger mon bien-être». Pratiquer l'autocompassion en reconnaissant votre courage en partant peut vous faire passer de la culpabilité à l'autonomisation. Des auto-évaluations douces, comme réfléchir à vos progrès, vous aideraient à renforcer votre cheminement vers la guérison et vous rappelleraient la force qu'il a fallu pour vous éloigner.

Un exemple qui me vient à l'esprit est celui de Priya. Après des années de manipulation, Priya se sentait profondément coupable d'avoir prévu de quitter son partenaire. Il disait souvent: «Personne d'autre ne te supporterait.» Grâce à la thérapie et au soutien de ses amis, Priya a appris à se détacher de ses paroles, en comprenant que son malheur n'était pas son fardeau. Elle est partie, convaincue qu'elle méritait une vie sans culpabilité ni manipulation.

Rester à l'Écart: Des Techniques pour ne pas Revenir

Pas de Contact: La Règle d'Or de la Fuite

Le non-contact est essentiel pour se libérer de l'influence d'un narcissique. Toute interaction, même un message rapide, pourrait raviver les sentiments de doute ou de culpabilité, ce qui facilite la reprise du contrôle. En éliminant tout contact, vous protégez votre espace mental et émotionnel, vous permettant de guérir sans le cycle constant de manipulation.

Angela est une personne avec qui j'ai travaillé pendant longtemps. Après des mois d'allers-retours, Angela a finalement bloqué son ex sur toutes les plateformes. Ce fut un choix difficile, mais en quelques semaines, elle a remarqué un changement dans son état émotionnel. Sans son influence, elle a commencé à reconstruire sa confiance et à redécouvrir sa propre identité, libre de son contrôle.

Guide étape par étape pour mettre en œuvre l'interdiction de contact (y compris les réseaux sociaux, les amis communs et la coparentalité)

1. **Bloquer ou se Désabonner:** Supprimez le narcissique de tous les comptes de réseaux sociaux et bloquez son numéro pour l'empêcher de vous rejoindre.

2. **Informez les Contacts Proches:** Informez vos amis communs de votre limite d'interdiction de contact. Demandez-leur d'éviter de discuter du narcissique avec vous et de s'abstenir de transmettre des messages entre vous.

3. **Limites de Coparentalité:** Pour la communication nécessaire, utilisez une plateforme neutre et structurée (comme une application parentale) et limitez les interactions strictement aux enfants.

Faire Face à la Manipulation après l'Évasion

Lorsqu'un narcissique sent qu'il a perdu le contrôle sur vous, il ne vous lâche pas. Au lieu de cela, il emploie souvent un arsenal de tactiques pour vous attirer à nouveau dans sa toile. L'une des méthodes les plus courantes est le bombardement d'amour. Il vous inonde d'excuses, de promesses de changement et de grands gestes d'affection. Soudain, la personne qui vous a rarement montré de la gentillesse vous comble d'attention et vous dit tout ce que vous avez toujours voulu entendre. Il pourrait vous promettre d'aller en thérapie, de changer de comportement ou de devenir le partenaire ou l'ami qu'il n'avait jamais été. Mais n'oubliez pas qu'il s'agit souvent de promesses creuses visant à rétablir son contrôle plutôt que de véritables tentatives de changement.

Si le bombardement d'amour ne fonctionne pas, un narcissique peut utiliser la culpabilité comme une arme pour vous manipuler. Il peut vous rappeler les «bons moments», en insistant sur le fait qu'il n'a agi comme il l'avait fait que parce qu'il «vous aimait tellement» ou qu'il «traversait une période difficile». Ils peuvent dire: «Tu es la seule personne qui me comprend vraiment» ou «Je ne peux pas croire que tu nous abandonnes si facilement». Ces déclarations sont conçues pour vous faire remettre en question votre décision, vous sentir responsable de leur douleur et vous demander si partir était le bon choix.

Si la culpabilisation échoue, certains narcissiques se tournent vers les menaces, pas toujours physiques, mais émotionnelles ou sociales. Ils peuvent menacer de se faire du mal, de ruiner votre réputation ou même de manipuler des amis communs pour qu'ils se retournent contre vous. Des déclarations telles que «Tu ne trouveras jamais quelqu'un comme moi» ou «Je m'assurerai que tout le monde sache à quel point tu m'as mal traité» sont destinées à vous intimider et à vous isoler. Ces tactiques sont puissantes car elles exploitent votre empathie, votre peur du conflit et votre désir d'être perçu comme une bonne personne, vous faisant sentir piégé même après vous être échappé.

Un exemple dont je me souviens bien est celui de Tony, qui a quitté sa partenaire de longue date après avoir reconnu son comportement manipulateur. Peu de temps après qu'il ait cessé de communiquer avec elle, elle a commencé à lui laisser des messages vocaux et à lui envoyer des SMS remplis d'excuses, affirmant qu'elle allait changer, le suppliant de lui donner «une dernière chance». Lorsque cela n'a pas fonctionné, elle s'est tournée vers la culpabilité, en disant: «Je pensais que tu valais mieux que ça – partir sans même discuter des choses.» Sam a ressenti l'attraction, en se demandant s'il lui devait une dernière conversation. Mais il s'est souvenu de ses habitudes, des années de promesses non tenues, et a choisi de ne pas s'engager.

Et puis il y a Emma, qui a quitté un ami autoritaire qui a utilisé la manipulation émotionnelle pour l'isoler. Après qu'Emma a pris ses distances, son amie a commencé à répandre des rumeurs, disant même à d'autres qu'Emma avait trahi sa confiance. Des amis ont commencé à demander à Emma si les rumeurs étaient vraies, ce qui l'a fait remettre en question sa décision de couper les ponts. Emma a presque tendu la main pour «clarifier les choses», mais elle a vu cela comme une tactique pour la faire reculer. Au lieu de cela, elle s'est concentrée sur le maintien de ses limites et sur la recherche d'amis qui la respectaient.

Techniques pour Rester Fort Émotionnellement Face à la Manipulation

- **Ancrez-vous dans la vérité:** il est facile de se laisser emporter par la version des faits du narcissique, surtout lorsqu'il se présente comme la «vraie victime». Rappelez-vous les raisons pour lesquelles vous avez quitté la relation. Écrivez-les si nécessaire et revenez-y lorsque vous commencez à douter. Dressez une liste d'exemples précis de manipulation ou de préjudice et laissez-les vous rappeler pourquoi vous avez choisi de partir.

- **Créez un système de soutien:** contactez des amis, des membres de votre famille ou des groupes de soutien qui comprennent votre situation et peuvent vous apporter du recul et de la force. Les narcissiques isolent souvent leurs victimes, il est donc essentiel de créer un réseau de personnes compréhensives. Avoir des personnes qui puissent vous rappeler votre valeur et valider votre expérience vous permettra de résister plus facilement à l'attraction du narcissique. Un thérapeute expérimenté en matière d'abus narcissique peut également être un allié puissant, vous aidant à gérer des émotions complexes et à éviter de vous culpabiliser.

- **Utilisez les techniques du «rocher gris»:** si les circonstances vous obligent à communiquer (comme dans le cadre de la coparentalité ou du travail), gardez les interactions aussi neutres que possible. Répondez avec un langage factuel et dénué d'émotions, et évitez de leur donner des informations personnelles ou des commentaires émotionnels qu'ils pourraient exploiter. Considérez-vous comme un «rocher gris»: ennuyeux, sans émotion et sans intérêt, de sorte qu'ils n'ont rien sur quoi s'accrocher.

- **Concentrez-vous sur les soins personnels et l'autocompassion:** la manipulation après l'évasion peut vous épuiser émotionnellement, il est donc essentiel de donner la priorité à votre bien-être. Cela peut signifier réserver du temps chaque jour pour des activités qui vous apportent joie, paix ou détente. Des pratiques simples de soins personnels comme l'exercice régulier, la tenue d'un journal ou la méditation peuvent vous aider à vous recentrer. Les affirmations peuvent également renforcer votre résilience intérieure; essayez des déclarations telles que «Je mérite le respect et la paix» ou «Je mérite des relations qui respectent mes limites».

- **Limitez ou bloquez l'accès:** si possible, évitez complètement de vous engager avec le narcissique, en particulier dans les moments de vulnérabilité. Bloquez leur numéro, leurs e-mails et leurs profils sur les réseaux sociaux. Si l'évitement total n'est pas possible, comme dans les situations de coparentalité, communiquez via une application tierce ou fixez des limites qui empêchent toute interaction inutile. Limiter l'accès minimise leur capacité à vous entraîner à nouveau dans le cycle de manipulation.

- **Pratiquez les réponses différées:** les narcissiques poussent souvent à des réponses immédiates pour reprendre rapidement le contrôle. Pour résister à cela, entraînez-vous à retarder vos réponses. Donnez-vous le temps de traiter leurs mots sans l'urgence émotionnelle qu'ils essaient de provoquer. Une pause vous permet de choisir comment répondre (ou non) dans un endroit calme et lucide plutôt que de réagir émotionnellement et de vous laisser entraîner à nouveau dans leur jeu.

- **Reconnaissez votre évolution:** partir a été une étape formidable vers la reconquête de votre vie, et rester absent montre une force intérieure. Rappelez-vous que vous devenez plus fort et plus résilient à chaque instant où vous restez hors de leur portée. Reconnaissez et célébrez ces petites victoires; elles sont la preuve de vos progrès et un rappel que vous pouvez vous libérer.

Renforcer la Résilience à Long Terme

Pour renforcer votre résilience face à l'attraction des dynamiques toxiques, commencez par renforcer les stratégies mentales qui vous permettent de rester ancré dans votre propre vérité. Cela commence par apprendre à reconnaître les déclencheurs émotionnels lorsque vous ressentez l'ancienne envie de tendre la main, de vous expliquer ou de leur donner une autre chance. Au lieu de réagir, observez ces sentiments sans jugement. Rappelez-vous que l'envie de renouer est une réponse à des schémas familiers, et non un véritable reflet de ce qui est le mieux pour vous maintenant. Vous visualiser comme étant vigoureux, indépendant et inébranlable peut également vous aider; imaginez une version de vous-même qui est immunisée contre leur influence et soyez fier de ce moi plus fort. Répéter cet exercice mental renforce votre engagement à rester libre de ce cycle.

Prenez Marcus, par exemple. Après avoir mis fin à une relation avec un narcissique dissimulé, il a dû faire face à des moments où des souvenirs revenaient, le faisant douter de sa décision. Pour contrer cela, il a créé un «journal de souvenirs» dans lequel il notait les cas de manipulation et de douleur qu'il avait endurés. Le relire chaque fois qu'il ressentait le besoin de tendre la main confirmait son choix de rester à l'écart. Jenna, par exemple, a repris confiance en elle en établissant des limites fermes avec les autres dans sa vie, en s'entraînant à les réduire jusqu'à ce qu'elles deviennent une seconde nature. Chaque limite réussie lui a rappelé sa force et a réaffirmé son droit de protéger sa paix intérieure, l'aidant à résister à l'attrait de la manipulation de quiconque, pas seulement de son ex.

Des Pratiques Quotidiennes qui Aident à Maintenir Votre Détermination et Votre Indépendance

- **Affirmations du matin:** Commencez votre journée avec des affirmations qui renforcent votre indépendance et votre estime de soi. Des affirmations simples comme «Je contrôle ma vie» ou «Je mérite des relations saines et enrichissantes» peuvent donner un ton positif qui renforce vos limites et votre concentration.

- **Pratique des limites:** Faites de la définition de limites une habitude quotidienne, même de manière modeste. Qu'il s'agisse de dire non à quelque chose que vous ne voulez pas faire ou de vous réserver du temps pour vous-même, chaque acte de définition de limites renforce votre sens de l'autonomie et du respect de soi. La mise en pratique des limites dans des situations mineures peut renforcer la résilience pour des scénarios plus difficiles.

- **Journal de réflexion et de gratitude:** Passez quelques minutes chaque soir à écrire ce qui s'est bien passé ce jour-là et à réfléchir à votre évolution. Célébrez les moments de force, comme résister à l'envie de renouer ou de fixer une nouvelle limite. Réfléchir à vos progrès favorise un sentiment d'accomplissement et vous rappelle les avantages de rester libre de relations toxiques.

Ces pratiques quotidiennes, combinées aux stratégies mentales que vous développez, créent une base solide de résilience. Chaque moment d'auto-renforcement est un pas de plus loin de leur influence et un rappel que votre vie, vos choix et votre bien-être vous appartiennent.

Étude de Cas: l'Expérience de Kyle

Je dirais qu'elle me traitait mieux quand on sortait ensemble de manière décontractée. Dès que nous sommes devenus sérieux, c'était comme appuyer sur un interrupteur. La personne douce et attentionnée que je pensais connaître, avait disparu et à sa place se trouvait quelqu'un qui remettait constamment en question mes intentions, sapait ma confiance en moi et me faisait subtilement sentir que je n'étais pas à la hauteur. Ce n'était pas évident au début, mais au fil du temps, les petites piques, les culpabilisations et les compliments indirects se sont accumulés. Elle avait cette capacité étrange à retourner chaque situation pour me faire sentir comme si j'étais le problème tout en jouant la victime.

La goutte d'eau qui a fait déborder le vase est arrivée après un autre de ses moments de «vulnérabilité». Elle pleurait à propos de la difficulté de sa vie, du fait que personne ne la comprenait vraiment et de combien elle dépendait de moi. Au début, je tombais dans le panneau à chaque fois, pensant que je devais prendre les choses en main et être encore plus là pour elle. Mais ensuite est venu le gaslighting. Je lui ai fait part de mes sentiments face à ses critiques constantes ou à ses silences, et elle m'a retourné la balle, en me disant que j'étais trop sensible, que j'interprétais mal les choses, voire que je les imaginais. Et quand j'ai insisté pour qu'elle rende des comptes, elle est devenue froide, refusant de s'engager tant que je ne me suis pas excusé de l'avoir mise mal à l'aise. C'était épuisant, comme vivre dans un champ de mines émotionnel.

Je me souviens de la nuit où j'ai finalement réussi à me libérer. Nous avions eu une autre dispute, et elle a fait comme d'habitude: rejeter la faute sur quelqu'un, tourner la page et terminer par un plaidoyer de pitié sur ses efforts. Mais cette fois, quelque chose a fait tilt. Je n'étais pas en colère, j'en avais marre. J'en avais marre de me sentir comme une marionnette sur ses fils, toujours à essayer de régler les choses alors que mes besoins étaient laissés de côté. Je lui ai dit que je ne pouvais plus le faire. Que je méritais une relation dans laquelle je n'aurais pas à contourner les sentiments des autres, tout en ignorant les miens.

Bien sûr, elle a essayé de négocier. «Ne pouvons-nous pas rester amis?» Elle a demandé, comme si l'amitié pouvait en quelque sorte compenser des années de manipulation émotionnelle et de manipulation mentale. Mais je savais que ce n'était pas le cas. Rester dans son orbite ne ferait que me maintenir prisonnière du même cycle de faux espoirs et de doutes. Alors je lui ai dit non. Pas d'amitié, pas de contact, pas de demi-mesures. C'était ça, ma rupture nette.

Depuis, je m'en tiens à une règle stricte de non-contact, et c'est la meilleure décision de ma vie. Au début, c'était difficile. Elle trouvait des moyens de se faufiler dans mes pensées – des messages non lus, des souvenirs qui refont surface aux pires moments. Mais je me suis rappelé la vérité: elle n'allait pas changer, et je n'allais pas sacrifier ma paix pour quelqu'un qui s'épanouissait en me démolissant.

Maintenant? Je me sens enfin libre. Libérée du stress constant, des doutes, des jeux émotionnels sans fin. J'ai appris que mon empathie et mon énergie sont précieuses, et qu'elles ne sont pas destinées aux personnes qui les utilisent comme armes contre moi. Je pensais que rompre avec elle serait cruel, mais maintenant je vois ce que c'est vraiment: de l'instinct de survie. Je ne dois pas ma loyauté à quelqu'un qui m'avait épuisé. Pour la première fois depuis des années, je me sens à nouveau moi-même, entière, forte et en paix.

Mesures Concrètes

- **Créez un plan de sortie personnel:** décrivez les étapes spécifiques nécessaires pour partir en toute sécurité, y compris où vous irez, qui peut vous soutenir et les nécessités financières.

- **Fixez des limites et engagez-vous à ne pas avoir de contact:** bloquez ou limitez toutes les voies de communication, même avec des amis communs, pour éviter toute manipulation et maintenir une distance émotionnelle.

- **Ancrez-vous avec des affirmations quotidiennes:** utilisez des affirmations pour vous rappeler de votre valeur et de votre indépendance, par exemple: « Je mérite des relations saines et encourageantes », ce qui peut vous aider à reconstruire votre estime de soi et votre résilience.

Questions Qui Incitent à la Réflexion

- Quels schémas de manipulation ou de doute de moi-même ai-je commencé à reconnaître et qui m'étaient autrefois invisibles?

- Comment puis-je commencer à faire confiance à mon propre instinct et à mon jugement plutôt qu'aux opinions ou à l'influence des autres?

- Quelles mesures puis-je prendre aujourd'hui pour renforcer mon réseau de soutien émotionnel alors que je me prépare à l'indépendance à long terme?

Chapitre 4: Détoxifier Votre Esprit – Réécrire le Récit Mental

Votre esprit est comme un jardin, et les récits que vous charriez – sur vous-même, votre valeur et vos expériences – sont les graines qui le façonnent. Mais lorsque vous avez été empêtré dans les méandres d'un narcissique dissimulé, ce jardin peut être envahi de mauvaises herbes: doute de soi, culpabilité et critique intérieure constante plantée par sa manipulation. Détoxifier votre esprit ne consiste pas seulement à arracher ces mauvaises herbes; il s'agit de réécrire le récit qu'elles ont façonné et de retrouver la allure dont vous vous voyez. Dans ce chapitre, nous explorerons comment identifier les pensées toxiques laissées derrière vous, remettre en question leur validité et les remplacer par des croyances stimulantes qui nourrissent la croissance, la guérison et l'autocompassion.

Reconnaître le Faux Récit

L'un des aspects les plus nuisibles d'une relation avec un narcissique dissimulé est la toile de mensonges qu'il tisse subtilement dans votre vie. Il ne se contente pas de vous mentir ouvertement; il remodèle votre compréhension de la réalité. Les narcissiques dissimulés sont passés maîtres dans l'art de modifier subtilement la perspective, souvent sans même que vous ne vous en rendiez compte. Au fil du temps, ils manipulent la perception de vous-même, de vos relations et de vos choix jusqu'à ce que leur récit devienne l'histoire à laquelle vous croyez.

Vous vous souvenez quand nous avons dit qu'ils commencent à éroder votre image de soi par des commentaires sournois et des demi-vérités? Des choses comme «Tu es trop sensible» ou «Personne d'autre ne te comprendrait comme moi»? Eh bien, au fil du temps, ces phrases déformeraient la façon dont vous vous voyez et vous feraient douter de vos valeurs, de vos capacités et même de votre propre esprit. Plus vous intériorisez ces commentaires, plus ils deviennent votre réalité et vous commencez à vous voir à travers leurs mots déformés.

Ces fausses croyances peuvent ressembler à ceci: «Tu es incapable de prendre de bonnes décisions», «Tu as de la chance de les avoir» ou «Sans elles, tu n'y arriverais pas». Elles insinuent souvent que tes points forts ne sont pas vraiment des points fermes ou que tes rêves sont irréalistes. Elles te font même subtilement te sentir coupable de rechercher ton propre bonheur. Chaque croyance te maintient enchaîné, te fait remettre en question de tes capacités et doute de ta valeur en dehors de la relation.

Vivre avec ces croyances ancrées aurait des conséquences profondes. Tu pourrais commencer à te sentir comme l'ombre de toi-même, en t'oubliant la personne confiante et indépendante que tu étais autrefois. Chaque décision te semble être une erreur potentielle, comme si tu avais besoin de leur approbation pour valider tes choix. Au fil du temps, cela peut conduire à l'anxiété, à un manque de confiance en soi et même à la dépression. Reconnaître que ces croyances ne sont pas les tiennes est la première étape pour te libérer de cette prison mentale. Réécrire le récit et reconnaître ces mensonges t'aiderait à retrouver ta vraie voix et ton moi authentique.

Réécrire Votre Dialogue Intérieur

Les histoires que vous vous racontez façonnent votre vision du monde et de vous-même. Lorsque vous avez vécu sous l'influence d'un narcissique dissimulé, votre dialogue intérieur est souvent détourné par sa voix critique et manipulatrice. Pour retrouver votre dialogue intérieur, vous devez remplacer sa négativité par des mots qui vous soutiennent et vous donnent vraiment du pouvoir. Il s'agit de faire de votre esprit un espace sûr et affirmatif.

Commencez par remarquer activement lorsque votre esprit répète des doutes ou des pensées critiques telles que «Je ne suis pas assez bon» ou «Je ne peux rien faire de bien». Lorsque ces pensées surgissent, faites une pause et remettez-les en question. Demandez-vous: «Est-ce vrai?» ou «Est-ce que je dirais cela à un ami?» Contrez chaque pensée négative en écrivant une vérité réaliste et positive, comme «Je suis capable» ou «J'ai accompli beaucoup de choses».

Pour retrouver votre dialogue intérieur, vous devez remplacer sa voix par la vôtre. Au lieu de faire écho à ses doutes et à ses critiques, réécrivez votre récit avec compassion et encouragement. Visualisez-vous comme un ami ou un coach qui vous soutient lorsque vous vous parlez à vous-même. Entraînez-vous à dire des choses comme «Je suis fier de mes progrès» ou «J'ai confiance en mes décisions». Cette pratique vous aidera à étouffer leur influence persistante avec votre propre voix affirmative.

Les affirmations sont puissantes car elles perturbent les anciens schémas mentaux et implantent de nouvelles croyances positives. En répétant constamment des phrases comme «Je suis digne d'amour et de respect» ou «J'ai la force de guérir», vous entraînez votre esprit à les croire. Au fil du temps, ces affirmations commenceront à remplacer les croyances limitantes déposées par le narcissique, vous libérant de ses chaînes mentales et construisant une base d'estime de soi que personne d'autre ne puisse éroder.

Guérison du Gaslighting

Nous avons beaucoup parlé du gaslighting jusqu'à présent, et soyons honnêtes, c'est un véritable tueur. Au fil du temps, cela conduit à un doute si intense que vous pouvez perdre confiance en vous-même, avec l'impression que la réalité elle-même vous glisse entre les doigts. Pour guérir du gaslighting, il faut retrouver cette confiance, s'ancrer dans ce qui est réel et retrouver confiance en ses propres expériences.

Le gaslighting est efficace parce qu'il est progressif. En remettant subtilement en question vos souvenirs ou en déformant les faits, un narcissique dissimulé vous amène à vous fier à lui comme à un «révélateur de vérité». Il vous fait sentir que votre réalité est imparfaite ou trop sensible, ce qui vous laisse le sentiment d'être déconnecté de ce que vous saviez être vrai. Ce questionnement constant érode votre confiance et votre indépendance, en vous rendant dépendant de son interprétation des événements.

La première étape pour vous libérer du gaslighting est de valider vos propres expériences. La tenue d'un journal est un excellent outil ici: notez les événements quotidiens, les pensées et les sentiments pour créer un enregistrement clair auquel vous pouvez vous référer chaque fois que vous avez des doutes. Faites confiance à ce que vous ressentiez, pensiez et vous souveniez. Vos expériences sont valables et méritent d'être entendues, surtout par vous-même.

Pour vous ancrer, entraînez-vous à vous reconnecter à votre réalité physique et émotionnelle. Les exercices de pleine conscience, comme la respiration profonde et l'attention portée à vos sens, peuvent vous aider à revenir au moment présent. Entourez-vous d'amis ou de professionnels qui vous soutiennent et qui affirment votre point de vue et vous rappellent la vérité. Reprendre conscience de votre sens de réalité consiste à construire une base solide sur laquelle vous faites confiance à vos propres perceptions sans avoir besoin de homologation extérieure.

Guérir le Cerveau Émotionnel: Un traumatisme Émotionnel Reprogramme le Cerveau

Les traumatismes émotionnels laissent des traces durables dans le cerveau, notamment par le biais des liens traumatiques, où les hauts et les bas du cycle de violence créent des attachements intenses et addictifs. Les liens traumatiques sont essentiellement la réponse de survie du cerveau, conçue pour nous attacher aux autres pour la sécurité, mais dans les relations toxiques, cet attachement devient malsain, vous laissant avec le sentiment d'être émotionnellement «accro».

Lorsque vous vivez une relation abusive, votre cerveau libère un mélange d'hormones de stress comme le cortisol et de substances chimiques de récompense comme la dopamine. Ce va-et-vient, la douleur de la critique mêlée à des éloges ou de l'affection occasionnels, maintient le cerveau en quête de récompense, renforçant le lien même lorsqu'il est toxique. Le cerveau associe l'affection intermittente au soulagement, ce qui rend le cycle addictif.

Les liens traumatiques vous enferment dans une boucle où vous recherchez constamment l'approbation ou craignez l'abandon, ce qui rend difficile le détachement. Le cerveau se conditionne à cette dynamique de va-et-vient, ce qui rend la stabilité contre nature. Le résultat est une boucle épuisante où, malgré la connaissance du mal, vous vous sentez obligé de rester proche de votre agresseur.

La guérison d'un traumatisme émotionnel consiste à créer de nouvelles voies plus saines dans le cerveau. Grâce à des relations de soutien, à des soins personnels et à des routines cohérentes, votre cerveau peut se reprogrammer pour répondre à la sécurité et à la cohérence plutôt qu'au chaos de la manipulation. La pratique de l'autocompassion et de la pleine conscience apaise le cerveau, en vous faisant progressivement sortir du mode survie et entrant dans un état de confiance en soi et de résilience émotionnelle.

Techniques Cognitivo-Comportementales (TCC) pour la Récupération Émotionnelle

Les techniques cognitivo-comportementales (TCC) fournissent des outils puissants pour vous aider à vous libérer des schémas de pensée négatifs souvent renforcés par la violence psychologique. En remettant en question les pensées automatiques et en apprenant à gérer vos émotions en temps réel, vous pouvez commencer à reprendre le contrôle de votre bien-être mental et favoriser un dialogue interne plus sain.

L'un des exercices de TCC les plus simples est la «remise en question des pensées», qui consiste à examiner une pensée négative pour trouver des preuves pour ou contre elle. Si vous vous surprenez à penser «Je ne suis pas assez bon», essayez de lister des réalisations concrètes ou des moments où vous avez prouvé le contraire. Cet exercice interrompt l'acceptation automatique des pensées négatives, en vous aidant à les remplacer par une perspective plus équilibrée.

Une autre chose que vous devez reconnaître et sur laquelle vous devez travailler est les «pensées négatives automatiques» (PAN), qui surgissent souvent sans avertissement, renforçant les sentiments de doute ou de honte. Pour les neutraliser, utilisez une technique de «blocage des pensées»: lorsqu'une pensée négative apparaît, dites mentalement «stop» et remplacez-la par une déclaration positive ou neutre, comme

«J'apprends et je grandis». Au fil du temps, cela reprogramme le cerveau pour réduire l'intensité et la fréquence des ANT.

Bien sûr, nous ne pouvons pas nier les avantages de la pleine conscience. Elle vous permet d'observer vos émotions sans jugement, vous aidant à les traiter plutôt qu'à réagir de manière impulsive. La pratique de techniques telles que la respiration profonde ou les exercices d'ancrage peut créer une pause lorsque les émotions semblent accablantes. En développant cette compétence, vous apprendriez à reconnaître les déclencheurs émotionnels et à y répondre de manière réfléchie, favorisant un sentiment de paix et de contrôle brisant les schémas réactifs façonnés par les abus passés.

Créer de Nouvelles Voies Neuronales pour l'Autonomisation

Créer de nouvelles voies neuronales est essentiel pour construire une vie d'autonomie et de résilience, surtout après s'être libéré des influences toxiques. De petites habitudes constantes, comme pratiquer la gratitude et s'engager dans des routines d'affirmation de soi, remodelant progressivement le cerveau, afin de renforcer la positivité et l'estime de soi.

Notre cerveau est malléable, ce qui signifie que des actions positives répétitives peuvent reprogrammer et remplacer les anciens schémas de pensée par des schémas plus sains. Les habitudes quotidiennes, comme passer quelques minutes chaque jour à visualiser ses réalisations personnelles ou à définir des intentions, renforcent ces nouvelles voies d'autonomisation, vous aidant à vous éloigner des croyances négatives sur soi déjà cultivées par un narcissique dissimulé.

La gratitude et la tenue d'un journal sont des outils puissants dans ce type de guérison. Écrire régulièrement les choses pour lesquelles vous êtes reconnaissant peut déplacer votre attention de ce qui manque à ce qui était abondé dans votre vie, en reprogrammant ainsi le cerveau vers l'optimisme. La tenue d'un journal offre également un espace sûr pour traiter les émotions, identifier les schémas et célébrer la croissance, créant ainsi un enregistrement de votre résilience et de vos progrès.

En outre, essayez d'établir des routines qui se concentrent sur l'estime de soi, comme commencer chaque matin par des affirmations, qui renforcent votre sentiment de confiance et d'indépendance. Des phrases simples, telles que «Je suis capable» ou «Je mérite la paix», répétées quotidiennement, remplacent progressivement les croyances négatives implantées par les manipulations passées. En créant et en maintenant ces routines, vous vous donnez les moyens d'aborder la vie avec force et résilience.

Lâcher Prise sur le Fantasme: Le Pouvoir de Reconnaître le Vrai Moi du Narcissique

Lâcher prise sur le fantasme implique une étape difficile mais essentielle: reconnaître qui est vraiment le narcissique au-delà de l'image qu'il avait présentée. En affrontant cette vérité, vous brisez la dissonance cognitive, le conflit mental qui vous a poussé à vous accrocher à la personne que vous espériez qu'il soit au lieu de voir la réalité de qui il est.

La dissonance cognitive vous maintient tiraillé entre deux images contradictoires du narcissique: le «partenaire idéal» qu'il semblait être autrefois et la personne manipulatrice que vous avez vécue. Reconnaître cette dissonance est essentiel pour voir clairement. Plutôt que de refouler les vérités douloureuses, reconnaissez les incohérences et les contradictions dans son comportement; cela vous libère de l'auto-accusation et clarifie votre expérience.

Dépasser l'«idéal» que vous souhaitiez nécessite que vous acceptiez les actions et les intentions du narcissique telles qu'elles sont, sans excuses. Il ne s'agit pas de supprimer la compassion, mais de reconnaître les comportements nuisibles sans y attacher vos espoirs. Séparer la réalité de la fantaisie vous permettrait de choisir la guérison plutôt que l'illusion.

Pour vous libérer de la version idéalisée de la relation, rappelez-vous que la fantaisie et la mémoire peuvent déformer la réalité. Dressez la liste de leurs schémas et comportements négatifs constants afin d'avoir une référence claire lorsque des doutes surgissent. Chaque fois que vous vous sentez tiré par la nostalgie ou l'idéalisation, revisitez ces rappels et concentrez-vous sur la façon dont vous vous sentez plus sain, plus libre et plus fort lorsque vous faites face à la vérité plutôt qu'à la fantaisie.

Le Deuil de la Perte du Partenaire «Idéal»

Guérir d'un abus narcissique dissimulé nécessite de faire le deuil du partenaire que vous croyiez avoir eu, ce qui est particulièrement difficile car la personne que vous pleuriez, le partenaire idéal qu'elle prétendait être, n'était qu'une illusion. Vous ne vous contentez pas de laisser partir une personne; vous abandonnez les rêves, les espoirs et la confiance que vous aviez placés en elle. Autorisez-vous à ressentir la tristesse, la frustration et même la colère qui accompagnent cette prise de conscience. Ces émotions sont aussi réelles que la vie que vous aviez imaginée avec elle, et les affronter est essentiel pour reconquérir votre avenir.

N'oubliez pas que le deuil ne se limite pas aux pertes physiques; il s'agit de laisser partir ce que vous croyez avoir pu être. Vous avez investi votre cœur et votre âme dans une relation qui semblait si pleine de promesses et qui mérite d'être honorée. Reconnaissez que ce deuil est légitime: c'est la perte d'une vision, d'une histoire que vous espériez voir se dérouler, et cela mériterait de la compassion, pas de la honte. En faisant le deuil, vous vous autoriseriez à libérer le poids émotionnel que vous portiez en son nom.

Rappelez-vous simplement que votre lien n'était pas avec la personne qu'ils étaient vraiment, mais avec le potentiel qu'ils promettaient, la vision qu'ils peignaient. Reconnaissez les aspects que vous trouviez attrayants – la gentillesse, le charme – parce qu'ils étaient réels pour vous, même s'ils n'étaient que des outils dans leur enjeu. Traiter cet attachement signifie que vous examinez honnêtement ce que vous appréciez et pourquoi, et c'est le chemin vers la guérison. À chaque souvenir que vous travaillez, vous commencez à vous détacher du fantasme qu'ils avaient tissé et à guérir les blessures qui vous y ont attaché.

Cependant, vous devez être très prudent. Le deuil pourrait parfois ressembler à une tentation de revenir, mais il est essentiel de reconnaître que ce sentiment fait partie de votre guérison, et non pas un signe que vous devez revenir. Le fait qu'ils vous manquent ne signifie pas que leur présence réelle vous manque; c'est le réconfort, la sécurité ou l'amour que vous espériez trouver qui vous manquait . Restez concentré sur la réalité de leur comportement nuisible: la tenue d'un journal, des exercices d'ancrage ou des conversations avec des amis qui vous soutiennent peuvent vous ancrer dans la vérité.

De cette façon, votre deuil devient une étape puissante vers la croissance plutôt qu'une porte d'entrée vers leur influence.

Avancer avec Clarté

Laisser derrière soi un narcissique dissimulé vous ouvre un espace pour façonner votre vie selon vos propres conditions. Ce nouveau départ n'est pas seulement une libération de la manipulation; c'est une formidable opportunité de reconstruire avec une nouvelle perception de soi, une perception libérée des contraintes de son contrôle. Acceptez ce moment comme un tournant, où chaque jour, vous vous rapprochez d'une personne plus saine et plus autonome.

Votre nouvelle vie est une toile, prête à être remplie de connexions authentiques, d'ambitions personnelles et de joie sans filtre. Au lieu de la voir comme un vide laissé par le narcissique, voyez-la comme une plateforme pour cultiver votre véritable potentiel. Chaque pas en avant est un pas vers la croissance, la résilience et la redécouverte de qui vous êtes vraiment.

Visualiser à quoi ressemble une vie où vous avez le contrôle, entourée de relations qui vous élèvent au lieu de vous retenir. Penser aux objectifs que vous souhaitez poursuivre, aux amis et à la famille avec lesquels vous souhaitez renouer, et aux passe-temps ou aux rêves que vous aviez mis de côté. Définissez cet avenir comme un avenir rempli de respect de soi, de limites saines et de personnes qui vous apprécient véritablement.

Commencer à imaginer les changements positifs qui vous attendent et accepter les possibilités que cette liberté apporte. Imaginez-vous en pleine paix, célébrant chaque réussite et rencontrant des personnes qui correspondent à votre véritable personnalité. Cette vision n'est pas seulement un espoir; c'est une feuille de route pour un avenir épanouissant que vous êtes entièrement libre de créer.

Étude de Cas: La Guérison d'Arianna

J'ai passé des années dans une cage: une cage qu'il a construite avec chaque regard, chaque sourire narquois, chaque mot qui m'a fait me sentir moins bien. Vous savez ce qui était fou? Je ne savais même pas que j'étais enfermée. Je pensais pouvoir «gagner» ce jeu tordu si je le jouais correctement je gagnerais d'une manière ou d'une autre son respect. Mais ensuite, je l'ai vu, je l'ai vraiment vu. Les fissures ont commencé à apparaître, et j'ai réalisé quelque chose de crucial: il ne s'agissait pas de lui. Il s'agissait de me réapproprier moi-même.

Le quitter n'était que le début. Le vrai travail aurait commencé après. Bien sûr, c'était facile au début de parcourir la liste de ses conneries, chaque tour de passe-passe manipulateur, chaque jeu d'esprit. Mais cela ne faisait que lui faire prendre de la place dans mon esprit. Chaque fois que je rejouais, il occupait toujours une place dans mon esprit. Je devais déplacer mon attention de lui envers moi. Je n'allais pas le laisser vivre dans mon esprit gratuitement. Bien sûr, que non.

Une fois que j'ai tourné la page, j'ai vu à quoi j'étais vraiment confrontée. La guérison ne consiste pas seulement à s'éloigner, mais à vivre dans mon esprit. C'est un voyage brutal et sans affectations dans votre propre désordre. J'ai dû arrêter de jouer au jeu de la «liste de contrôle des victimes» parce que chaque fois que je cochais ses torts, je me renfermais dans la cage qu'il avait construite. J'ai réalisé que le ressentiment était comme du poison, et que c'était moi qui le buvais, pas lui. Guérir signifiait renverser l'histoire et me concentrer sur moi-même pour une fois.

Et voici la dure vérité: ce n'était pas seulement lui qui avait des problèmes. J'ai dû faire face à mes propres bagages, aussi. Il avait sa manipulation au point d'une science, mais c'était moi qui revenais sans cesse en arrière, espérant qu'il verrait ma valeur. Alors je me suis posé des questions difficiles, comme: Pourquoi est-ce que je continuais à m'accrocher? Pourquoi est-ce que j'ai laissé ses mots me définir? Une fois que j'ai reconnu mon rôle, j'ai pu enfin commencer à me pardonner et à aller vers l'avant.

J'ai réalisé qu'il n'était qu'un «malveillant» dans mon histoire parce que je l'avais permis. J'alimentais aussi ce récit. C'est là que j'ai atteint le véritable tournant: j'ai arrêté de l'analyser et j'ai commencé à examiner attentivement mes propres choix. J'ai dû arrêter de faire des recherches sur le narcissisme. Cela m'a aidé à voir clairement dans la manipulation, mais m'a fait revenir vers lui, ce qui a alimenté ma colère. Ses problèmes? Pas les miens. Mes problèmes? C'est là que se trouvait le travail. Je devais comprendre pourquoi j'avais atterri ici et comment rester loin de tout cela à l'avenir.

La vérité, c'est que ses tactiques de contrôle ont probablement été apprises quand j'étais enfant. J'avais dépensé tellement d'énergie à l'étiqueter, à le pathologiser et à le présenter comme le malveillant. Mais quand j'ai tout dépouillé, il n'était qu'une personne imparfaite, un humain comme tout le monde. Le voir comme ça ne l'excusait pas, mais cela lui enlevait son pouvoir dans mon esprit. C'était libérateur.

Alors, je me suis tournée vers l'intérieur. J'ai grandi entourée de personnes qui me faisaient sentir que je devais être «parfaite» pour avoir de la valeur. J'ai fait glisser cette pression dans notre relation, alimentant son récit parce que je n'avais pas entièrement confiance en moi ou que je ne me respectais pas. Que je devais être «assez bien». Cela faisait de moi la cible parfaite. Alors, j'ai commencé à pratiquer l'amour de soi, des petites choses au début. Je me suis dit que je n'avais pas besoin de sa validation pour être digne. Certains jours, je devais faire semblant jusqu'à ce que j'y parviens, mais progressivement cette voix intérieure est devenue plus forte.

En creusant plus profondément, j'ai pris conscience de mes propres tendances codépendances. J'ai grandi en me sentant responsable du bonheur de tous les autres, me mettant toujours en dernier. Mais une fois que j'ai vu le schéma, j'ai pu commencer à m'en libérer. Chaque jour, j'ai consciemment choisi de faire passer mes besoins en premier et de me voir comme une personne entière. Je n'avais pas besoin d'être «parfaite» pour avoir de la valeur.

M'en libérer ne consistait pas à le considérer comme le malveillant et moi comme le héros. Il s'agissait de laisser tomber ce besoin d'être la «bienveillante» personne dans son ensemble. Je n'avais pas besoin de prouver ma valeur en réparant les problèmes de quelqu'un d'autre. Et lorsque j'ai laissé tomber tout cela, la colère et le ressentiment ont commencé à s'estomper.

Lâcher prise signifiait également que je devais arrêter de le diagnostiquer et de pathologiser chaque astuce qu'il faisait. Qu'il soit narcissique ou non n'avait aucune importance. Ce qui comptait, c'était la façon dont il me traitait et, le plus important encore, pourquoi je continuais avec lui. Les gens peuvent être brisés et avoir encore le potentiel de changer, mais ce n'est pas de ma responsabilité. J'ai dû choisir moi-même plutôt que le récit dans lequel je vivais. C'est là la véritable victoire: ne pas prouver que j'avais «raison» à son sujet, mais être honnête avec moi-même.

Maintenant, je pense à peine à lui parce que, à la place, je pense à moi: à qui je suis, à ce que je veux et à la façon dont je me traite. Je ne suis pas «meilleure» que lui, et il n'est pas un monstre irrécupérable. C'était juste quelqu'un qui ne pourrait pas aimer de manière saine, et je n'ai plus à porter ce poids.

Mesures Concrètes

- **Remettez en question les faux récits:** identifiez les croyances spécifiques que vous avez absorbées du narcissique, écrivez-les et remplacez chacune d'elles par une vérité reflétant votre valeur et votre réalité.

- **Commencez une pratique quotidienne d'affirmation:** commencez chaque journée par des affirmations qui affirment votre valeur et votre indépendance, aidant à effacer tout doute persistant sur vous-même.

- **Ancrez-vous dans la réalité:** tenez un journal quotidien pour noter les moments où vous ressentez une attirance pour de vieux récits, en les reconnaissant comme de simples vestiges, et non comme des vérités.

Questions Qui Incitent à la Réflexion

- Quelles croyances négatives sur vous-même pouvez-vous attribuer à l'influence du narcissique?

- Quelles vérités émergent sur votre force et votre résilience lorsque vous réfléchissez à vos interactions passées?

- À quoi ressemblerait une vie définie uniquement par votre voix, vos rêves et vos choix?

C'est votre vie, votre vérité; personne d'autre que vous ne peut écrire ce récit. Tenez bon; chaque moment de liberté est un rappel de la force qu'ils ont essayé d'effacer.

Chapitre 5: Fixer des limites – Reprendre son Pouvoir

Fixer des limites, c'est comme construire une barrière protectrice autour de votre bien-être émotionnel. Lorsque vous êtes pris dans la toile d'un narcissique dissimulé, il est facile d'avoir l'impression que vos besoins, vos sentiments et votre estime de soi ont été écrasés. Mais les limites vous permettraient de reprendre votre pouvoir. Elles ne consistent pas à exclure les gens, mais à montrer aux autres où se trouve la limite et à refuser de laisser quiconque la franchir. Dans ce chapitre, nous verrons pourquoi les limites sont essentielles, comment les fixer efficacement et comment récupérer votre espace personnel est la première étape pour reconstruire votre confiance et reprendre le contrôle de votre vie.

L'Importance des Limites dans la Guérison

Il est essentiel de comprendre pourquoi vos limites ont été violées pour reprendre votre pouvoir. Les narcissiques dissimulés sont passés maîtres dans l'art d'user subtilement les limites, non pas par des attaques directes, mais par une persistance lente et rampante qui vous ferait remettre en question vos propres besoins et limites. Au début, il peut s'agir de petites demandes: demander une faveur ou laisser entendre que vos priorités devraient changer «pour la relation». Peu à peu, ils insistent de plus en plus, en vous convainquant d'ignorer ce que vous valorisiez autrefois pour maintenir la paix ou éviter les conflits. C'est une érosion silencieuse, souvent si subtile que vous ne vous rendez pas compte que vos limites s'estompent jusqu'à ce que vous ayez du mal à vous souvenir de ce qu'elles étaient au départ.

Prenez Jessica, par exemple, qui se targuait autrefois de garder les week-ends pour elle afin de se ressourcer. Lorsqu'elle a commencé à sortir avec Chris, il suggérait avec désinvolture qu'ils passent tout le week-end ensemble, ou il «passait» à l'improviste. Au début, elle était flattée par l'attention qu'on lui portait, sans se rendre compte qu'à chaque fois qu'elle ajustait ses plans, elle abandonnait petit à petit son droit à un temps personnel. Bientôt, Jessica se retrouva à passer ses week-ends à sa guise, perdant le précieux temps de solitude dont elle avait besoin pour se sentir en équilibre. Au fil du temps, ses limites disparurent, remplacées par les préférences de Chris. Il fallut des mois à Jessica pour comprendre que son épuisement n'était pas dû à leurs «emplois du temps chargés», mais au fait d'avoir laissé ses limites se dissoudre tranquillement.

Vivre sans limites laisse des cicatrices durables sur l'estime de soi, la confiance et le bien-être mental. Vous commencez à vous sentir invisible, incertain de vos besoins ou coupable de les avoir. Ce sacrifice constant de vos limites peut vous amener à vous demander si vous avez le droit de fixer des limites, ce qui érode votre estime de soi. Plus vous vivez sans limites, plus il devient facile pour les manipulateurs de vous exploiter, vous laissant dans un cycle de complaisance, d'excès et de négligence de vous-même. En récupérant vos limites, vous ne vous protégez pas seulement des violations extérieures, vous honorez les parties essentielles de qui vous êtes.

À Quoi Ressemblent des Limites Saines

Les limites saines sont comme des lignes claires tracées dans le sable, marquant clairement où commencent et où finissent vos besoins, vos sentiments et votre espace. Les limites personnelles sont liées à vos valeurs, à votre temps et à votre individualité; les limites émotionnelles concernent les sentiments et l'énergie que vous êtes prêt à absorber ou auxquels vous êtes prêt à répondre; les limites physiques protègent votre espace personnel et votre confort physique. Lorsque vous dites: «C'est ici que je m'arrête et que vous commencez», vous affirmez le droit de donner la priorité à ces parties de vous-même sans culpabilité. Les limites ne visent pas à exclure les gens; elles visent à garantir que vous avez l'espace nécessaire pour vivre de manière authentique sans vous sacrifier aux exigences ou aux caprices de quelqu'un d'autre.

Prenez l'exemple de Rosa, qui se sentait autrefois obligée de répondre à chaque appel de son ex chaque fois qu'il se sentait déprimé, même après leur rupture. À la demande d'une amie, elle a commencé à s'entraîner à dire: «Non, je ne peux pas parler maintenant», lorsque ses exigences entraient en conflit avec ses propres besoins. Le résultat a été qu'elle s'est sentie plus forte, plus respectée et enfin maîtresse de son temps. Dire «non» n'a pas repoussé les gens; Cela a redéfini la façon dont ils interagissaient avec elle, en montrant clairement qu'elle n'était plus un paillasson, mais une personne avec des limites à respecter.

Les limites saines sont subtiles mais puissantes dans la vie de tous les jours. Imaginez un ami qui demande toujours des faveurs mais qui rend rarement la pareille. Une limite saine pourrait ressembler à dire: «Je ne peux pas t'aider cette fois-ci, mais tiens-moi au courant.» D'autre part, les limites malsaines impliquent souvent de se sacrifier pour le confort des autres, comme changer constamment ses plans pour respecter l'emploi du temps de quelqu'un d'autre. Des limites saines rappellent aux autres que vous vous respectez, favorisant des relations équilibrées et mutuellement bénéfiques où vos besoins sont également valorisés.

Le Pouvoir de Reconstruire les Limites après des Abus

Après avoir subi des abus narcissiques dissimulés, les limites deviennent votre meilleur bouclier. Des limites fermes agissent comme un filtre, permettant des interactions saines tout en tenant à distance les comportements manipulateurs. Vous vous protégez des autres qui dépassent vos limites en définissant clairement ce qui est acceptable et ce qui ne l'est pas. Ces limites ne sont pas seulement une tactique défensive; elles sont un moyen proactif de garantir que vos relations restent respectueuses et équilibrées, réduisant ainsi le risque de manipulation future.

Commencez par dresser la liste des situations qui vous épuisent émotionnellement ou vous font ressentir du ressentiment. Il peut s'agir d'un ami qui se défoule constamment mais n'écoute jamais ou d'un membre de la famille qui ne respecte pas votre temps. Réfléchissez à ces moments pour identifier les limites manquantes. Ensuite, imaginez des scénarios idéaux: qu'est-ce qui serait confortable ou respectueux? Utilisez ce contraste pour vous aider à visualiser les limites dont vous avez besoin, transformant ces sentiments de frustration en opportunités de changement positif.

Les limites sont une façon de dire: «J'accorde de l'importance à moi-même et à mon bien-être.» En établissant des limites claires, vous reprenez le contrôle de votre temps, de votre énergie et de votre tranquillité d'esprit, ce qui vous permet d'interagir avec les autres selon vos conditions. En renforçant ces limites, vous remarquerez un changement, non seulement dans la façon dont les autres vous traitent, mais aussi dans la façon dont vous vous percevez. Fixer des limites redéfinit votre identité en tant que personne qui connaît et respecte sa valeur, renforce votre résilience et vous permet de naviguer dans la vie en toute confiance.

Étapes Pratiques pour Fixer des Limites

Affirmation de soi sans agressivité

L'affirmation de soi ne nécessite pas d'agressivité. Il s'agit de communiquer ses besoins de manière claire, ferme et respectueuse de soi-même et des autres. Parler calmement montre de la confiance et ne laisse aucune place à la négociation, ce qui fait comprendre que ces limites ne sont pas négociables. Commencez par vous entraîner à formuler des déclarations simples et directes qui laissent de côté les explications excessives; de cette façon, vous renforcez votre position sans inviter au débat.

Par exemple, imaginez une personne comme Jessica, qui se sentait souvent obligée de s'adapter aux plans de dernière minute de son partenaire. Une fois qu'elle a fixé ses limites, elle a commencé à répondre: «J'ai mes propres plans ce soir, donc je ne serai pas disponible.» Elle a évité les allers-retours en énonçant ses limites sans se mettre sur la défensive ou trop expliquer, ne laissant aucune place à la culpabilité ou à la manipulation. Chaque réponse claire et directe a renforcé son sentiment d'autonomie et d'estime de soi.

Les scénarios pourraient être incroyablement nécessaires pour fixer des limites, en particulier face à une personne qui savait repousser vos limites. Essayez des déclarations telles que:

- «Cela ne me convient pas, et j'aurais besoin que vous respectiez cela.»

- «Je me concentre sur mes priorités en ce moment, donc je ne pourrai pas m'engager là-dessus.»

- «Je comprends que c'est ce que tu veux, mais je ne suis pas à l'aise avec ça, et je vais m'en tenir à ma décision.»

Ces scénarios proposent un «non» ferme qui est respectueux mais ne laisse aucune place à la négociation, rappelant à l'autre personne votre détermination tout en renforçant votre droit de dire non.

Exercices pour Pratiquer l'Affirmation de Soi

Se sentir à l'aise avec le fait de dire «non» ne se fait pas du jour au lendemain, surtout lorsque la peur de la désapprobation est ancrée. Voici quelques étapes pratiques pour vous aider à renforcer votre assertivité sans vous sentir conflictuel ou sur la défensive.

- **Commencez doucement et en toute sécurité:** commencez par vous entraîner à dire «non» dans des situations à faible enjeu où le risque d'une confrontation majeure est faible. Refusez une invitation à un événement social mineur si vous n'avez pas envie d'y assister, ou dites non à une demande de travail inutile qui ne relève pas de vos responsabilités. Ces petits moments sont essentiels: ils vous permettraient de faire l'expérience de dire «non» de manière gérable et sûre. En vous exerçant dans ces situations moins intimidantes, vous gagneriez en confiance et vous réaliseriez qu'affirmer des limites n'était pas aussi effrayant qu'il y paraissait auparavant.

- **Utilisez un langage clair et direct:** pratiquer l'affirmation de soi est une question de clarté. Lorsque vous fixez des limites, faites en sorte que vos déclarations de «non» soient claires et directes. Il n'est pas nécessaire de vous excuser excessivement ou d'adoucir vos mots pour en atténuer l'impact. Des phrases comme «Je ne peux pas faire ça» ou «Je choisis de prendre du temps pour moi» peuvent communiquer votre position sans avoir l'impression d'avoir besoin d'expliquer ou de justifier. Entraînez-vous à prononcer ces phrases pour qu'elles vous paraissent naturelles et rappelez-vous qu'un «non» ferme suffit. Les autres n'ont pas besoin d'explications élaborées pour valider votre décision.

- **Expérimentez différentes façons de dire non:** Parfois, «non» n'a pas besoin d'être un seul mot. Il existe de nombreuses façons de refuser une demande sans utiliser «non» d'emblée, ce qui peut sembler plus naturel si vous vous habituez encore à l'affirmation de soi. Par exemple, «Cela ne me convient pas», «Je ne suis pas disponible» ou «Je passe mon tour, mais merci d'avoir pensé à moi» sont toutes des expressions qui véhiculent une limite ferme tout en adoucissant la réponse. La pratique de diverses phrases peut rendre l'affirmation de soi plus souple et plus accessible, réduisant ainsi le sentiment de confrontation qui peut accompagner un «non» direct.

- **Visualisez et préparez-vous à une éventuelle résistance:** il est naturel pour certaines personnes, en particulier celles qui sont habituées à ce que vous disiez «oui» à tout, de se sentir déstabilisées par votre nouvelle assertivité. Lorsque vous vous préparez à dire «non», anticipez les réactions possibles et visualisez-vous en train de rester calme et ferme dans votre réponse. Rappelez-vous que vous n'êtes pas responsable de la gestion des sentiments des autres, mais uniquement de vos propres actions. Même si quelqu'un exprime sa déception ou sa confusion, vous ne lui devez pas changer d'avis. Il est utile de vous rappeler pourquoi vous dites «non» et que le respect de vos besoins est plus important que la gestion des attentes des autres.

- **Fixez des limites personnelles autour du fait de dire «oui»:** pour les personnes qui luttent contre la culpabilité de dire «non», il peut être utile de fixer une limite à la fréquence à laquelle vous dites «oui» aux demandes au cours d'une semaine ou d'un mois donné. Si vous vous surmenez constamment, créez une règle personnelle, en vous limitant peut-être à un certain nombre d'obligations à la fois. Cette barre directrice agit comme une limite préventive, vous permettant de conserver votre énergie et de décider à l'avance où se situent vos limites.

- **Entraînez-vous à réfléchir au résultat:** réfléchissez au résultat chaque fois que vous dites «non» et maintenez votre limite. Vous êtes-vous senti plus fort? Soulagé? La personne a-t-elle respecté vos limites? En évaluant ces interactions, vous pouvez identifier ce qui a bien fonctionné et les points sur lesquels vous pourriez apporter des ajustements. Chaque expérience renforce l'idée que les limites vous servent et que vous ne pouvez pas contrôler les réactions des autres. Au fil du temps, ce processus renforcerait la confiance en soi et vous rassurerait sur le fait que dire «non» était une action saine et positive.

- **Affirmez vos limites par écrit:** l'écriture est un moyen puissant de renforcer vos décisions. Avant de fixer une limite, notez pourquoi elle est importante pour vous. Par exemple, «Je dis non au travail tard ce soir parce que j'ai besoin de repos et que ma santé passe avant tout.» Lorsque vous affirmez votre décision sur papier, cela renforce votre engagement et vous rappelle les valeurs qui vous guident. Plus tard, si le doute s'installe, vous pourriez revoir les raisons qui vous avaient poussé à affirmer cette limite pour reprendre du recul.

Apprendre à dire «non» est un parcours, pas un acte isolé. Il faut du temps pour reprogrammer l'impulsion de plaire aux autres, mais à chaque limite fixée, vous deviendriez plus ferme et plus connecté à vos besoins authentiques. N'oubliez pas que dire «non» sans culpabilité ne signifie pas que vous ne vous souciez pas des autres; cela signifie simplement que vous choisissez de prendre soin de vous aussi. En adoptant cette façon de penser, vous découvrirez que l'affirmation de soi ne consiste pas à exclure les gens; il s'agit de les inviter à une relation fondée sur le respect mutuel. À chaque limite imposée, vous récupérez l'espace pour être vous-même, honorant votre parcours de reconstruction avec confiance et dignité.

Faire Face au Refoulement des Limites

Lorsque vous fixez des limites pour la première fois, surtout avec un narcissique, attendez-vous à ce qu'il vous repousse. Il essaiera probablement toutes les tactiques à sa disposition pour vous faire douter de votre détermination. Il pourrait vous culpabiliser en disant des choses comme «Je pensais que tu tenais à moi» ou sous-entendre que vous êtes égoïste en affirmant vos besoins. Pour tenir bon, rappelez-vous que les limites sont essentielles pour des relations saines et que leur inconfort reflète leur perte de contrôle, et non vos malfaisances.

Prenez exemple sur Emma, qui a eu du mal à maintenir des limites avec son ex-partenaire, qui se présentait souvent sans y être invité. Lorsqu'elle lui a dit pour la première fois «J'ai besoin que tu respectes mon espace et que tu ne passes pas sans prévenir», il a riposté, l'accusant d'être «froide» et «distante». Emma, cependant, est restée cohérente. Elle n'a pas hésité face à ses accusations et a calmement répété sa limite chaque fois qu'il a tenté de la culpabiliser. Sa cohérence a fini par mettre fin à ses visites inopinées car il avait compris qu'elle ne reculerait pas.

Si vous voulez tenir bon sans vous sentir coupable, essayez une ou plusieurs de ces techniques:

- Répétez votre limite: utilisez des déclarations fermes mais simples comme: « Ce n'est pas une chose que je suis ouvert à » ou « Veuillez respecter ma décision ». Le fait de répéter votre limite sans plus d'explications montre que vous n'êtes pas intéressé par la négociation.

- Utilisez la visualisation: imaginez votre limite comme un bouclier protecteur autour de vous, renforçant votre force chaque fois qu'elle est remise en question.

- Affirmez votre droit: rappelez-vous que donner la priorité à votre bien-être n'est pas égoïste mais essentiel. Dites-vous: « J'ai le droit de protéger ma paix », ce qui peut vous ancrer lorsque vous êtes confronté à la pression de faire des compromis.

Appliquer Systématiquement vos Limites

Il est plus difficile de respecter ses propres limites lorsque cela ne vous convient pas, surtout si vous vous heurtez à une résistance, à un sentiment de culpabilité ou à un doute. Mais c'est la cohérence qui rend les limites efficaces. Lorsque la pression est forte, rappelez-vous qu'à chaque fois que vous restez ferme, vous renforcez votre estime de soi et enseignez aux autres que vos besoins ne sont pas négociables. Ayez confiance dans le fait que l'inconfort est temporaire tandis que les avantages de fixer des limites sont durables.

Prenez exemple sur Alex, qui a eu du mal à fixer des limites avec sa famille. Il était confronté à la frustration et à des sentiments de culpabilité chaque fois qu'il disait «non» à une demande de dernière minute. Cependant, au fil du temps, sa famille a appris à respecter son autonomie.

De même, Mia au travail a commencé à refuser des demandes en dehors de sa description de poste. Au début, ses collègues étaient déconcertés, mais sa cohérence a conduit à un meilleur équilibre entre vie professionnelle et vie privée, et même à un respect accru de la part de son équipe.

Si vous sentez que vous subissez une pression pour respecter vos limites, essayez ceci:

- Définissez des rappels clairs: écrivez votre limite et

gardez-la visible pour vous rappeler pourquoi elle est essentielle afin de pouvoir rester ancrée sous pression.

- Pratiquez l'auto-évaluation: demandez-vous régulièrement si vous respectez vos limites. Si ce n'est pas le cas, évaluez ce qui pourrait vous faire dévier de votre chemin et comment vous recentrer.

- Récompensez vos efforts: reconnaissez chaque fois que vous respectez une limite, même si elle est minime. Renforcer vos progrès renforce la confiance nécessaire pour continuer.

Établir des Limites dans Tous les Domaines de la Vie

Fixer des limites saines dans les relations est la règle d'or pour maintenir le respect de soi, l'autonomie et le bien-être émotionnel. Avec vos amis, les limites saines peuvent signifier la protection de votre temps et de votre énergie ainsi que comprendre quand dire non aux projets sans culpabilité. Dans la dynamique familiale, les limites peuvent impliquer des attentes claires en matière de communication, éviter les sujets qui conduisent systématiquement à des conflits ou établir le temps que vous passez ensemble. Avec des partenaires romantiques, les limites peuvent consister à définir un espace personnel, à exprimer ouvertement vos besoins et à convenir d'un respect mutuel concernant la vie privée, l'honnêteté et l'indépendance.

Des limites saines dans ces relations ne signifient pas exclure les gens; elles établissent plutôt une «ligne dans le sable» respectueuse qui dit: «Voilà qui je suis et c'est ce dont j'ai besoin pour être au mieux de ma forme.» Par exemple, lorsque vous faites savoir aux membres de votre famille que vous ne vous engagerez pas dans des conversations qui vous rabaisseraient, vous créez un espace où le respect pourrait grandir. Avec des amis, fixer des limites aux séances de «défoulement» vous permettrait de ne pas devenir un dépotoir émotionnel, favorisant ainsi une relation plus équilibrée. Dans les relations amoureuses, les limites autour du temps personnel pourraient prévenir l'épuisement professionnel, permettant à chaque personne de rester ancrée dans son individualité.

Un bon exemple qui me vient à l'esprit est celui de Sarah, qui se sentait auparavant obligée d'assister à toutes les réunions de famille, même si cela l'épuisait émotionnellement. Après avoir subi une manipulation narcissique secrète, elle a réalisé qu'elle devait donner la priorité à sa santé émotionnelle. Elle a établi une nouvelle limite en expliquant à sa famille qu'elle n'assisterait qu'aux réunions auxquelles elle se sentait préparée, en privilégiant sa paix. Bien que sa famille ait d'abord résisté, la cohérence de Sarah les a amenés à respecter ses choix, et le temps qu'elle passait avec eux est devenu plus épanouissant.

Un autre exemple, James s'est retrouvé à secourir constamment un ami qui ne lui rendait jamais la pareille. Lorsqu'il a commencé à fixer des limites à sa disponibilité, il s'est d'abord senti coupable, mais il a communiqué cette limite à son ami en disant: «Je veux te soutenir, mais j'ai aussi besoin de temps pour moi pour me ressourcer.» Au début, son ami ne comprenait pas, mais avec le temps, il s'est adapté et leur relation est devenue moins unilatérale, James se sentant moins épuisé et plus équilibré.

Techniques pour Communiquer les Limites à ses Proches sans se Sentir Coupable

Communiquer des limites, surtout avec ceux qui comptent vraiment pour vous, pourrait être inconfortable, mais une communication claire et bienveillante aide à éliminer la culpabilité. Examinons quelques moyens pratiques d'aborder la définition de limites avec vos amis, votre famille et vos partenaires amoureux sans avoir l'impression de décevoir qui que ce soit.

Utilisez des phrases commençant par «je»: c'est un moyen efficace d'exprimer vos besoins sans attribuer de blâme. Au lieu de dire «tu m'interromps toujours», essayez «j'ai besoin de quelques minutes pour partager mes pensées avant d'entendre des commentaires». En vous concentrant sur votre propre expérience, vous exprimez vos besoins sans déclencher une attitude défensive.

Considérez les limites comme des soins personnels: au lieu de considérer les limites comme des restrictions, communiquez-les comme des moyens de maintenir votre bien-être. Par exemple, si vous fixez une limite aux appels téléphoniques tard le soir, vous pouvez dire: «je m'efforce de mieux dormir, donc je ne réponds pas aux appels après 21 heures. Cela m'aide à rester énergique». Lorsque vos proches considèrent les limites comme faisant partie de vos soins personnels, ils sont souvent plus compréhensifs.

Reconnaissez leurs sentiments: les limites pourraient parfois être difficiles à accepter par les autres, surtout s'ils sont habitués à certaines dynamiques. Faites preuve d'empathie en reconnaissant leur point de vue sans compromettre vos besoins. Par exemple, «Je comprends que cela puisse sembler différent de ce à quoi tu étais habitué en termes de ce que tu recevais de moi, mais je dois protéger mon temps en ce moment.» Cette approche montre que vous appréciez la relation, même si vous vous donnez la priorité.

Résistez fermement à la résistance en validant votre limite: Rappelez-vous pourquoi cette limite est nécessaire pour vous. Si votre famille ou vos amis vous repoussent, vous pouvez répéter calmement votre besoin: «J'apprécie vos pensées, mais c'est ce dont j'ai besoin pour me sentir soutenu.» Le fait de respecter vos limites avec constance et calme, aiderait les autres à comprendre que vous êtes sérieux dans votre volonté de respecter votre bien-être.

Entraînez-vous à dire «non» et à accepter son droit: pour de nombreuses personnes qui ont subi des manipulations, dire «non» pourrait être inconfortable. Entraînez-vous à dire non dans des situations plus petites pour gagner en confiance. Par exemple, refusez des plans lorsque vous avez besoin de repos ou choisissez des activités qui vous intéressent vraiment. Au fil du temps, dire «non» devient une extension naturelle du respect de soi-même, ce qui faciliterait la fixation de limites avec ceux qui comptent le plus pour vous.

Apprendre à transmettre ses limites est une compétence qui demande du temps et de la patience, mais c'est l'une des mesures les plus efficaces que vous puissiez prendre pour retrouver votre paix et votre autonomie dans chaque relation.

Les Limites au Travail et dans les Contextes Sociaux

Les limites sont souvent négligées dans les contextes professionnels et sociaux, mais c'est précisément là qu'elles sont nécessaires pour protéger votre énergie et votre concentration. Les collègues qui vous demandent plus de temps que ce qui est juste ou les connaissances qui comptent beaucoup sur vous pour un soutien émotionnel pourraient rapidement dépasser les bornes, en vous laissant mentalement épuisé. Une ligne claire ici consiste à reconnaître lorsque les demandes ou les attentes deviennent excessives ou personnelles, vous faisant sentir obligé plutôt que respecté.

Prenez Lily, qui était toujours la référence pour résoudre les problèmes de ses collègues. Ils venaient la voir pour des conseils à propos du tout, des projets aux problèmes personnels, ce qui lui laissait peu de temps pour se concentrer sur son travail. Elle a commencé à dire: «Je travaille sur quelque chose en ce moment, mais nous en parlerons plus tard», ou à les orienter vers des ressources qu'ils pourraient utiliser de manière indépendante. Au début, certains étaient surpris, mais finalement, ils ont respecté son temps. En outre socialement, Max, demandait souvent un soutien émotionnel sans rien offrir en retour. Lily a fixé une limite en rencontrant ses collègues selon ses conditions, seulement à certains moments et à certains endroits, et a vu combien d'espace mental cela lui libérait.

Garder des limites claires au travail et dans les cercles sociaux n'est pas seulement une question de commodité; c'est essentiel pour maintenir un esprit sain et une vie équilibrée.

Créez des «heures de disponibilité» claires: Au travail, définissez un moment où vous êtes disponible pour collaborer ou aider, puis concentrez-vous sur vos tâches en dehors de ce créneau. Sur le plan social, limitez les interactions avec ceux qui vous épuisent aux moments où vous êtes prêt à vous engager.

Entraînez-vous à dire «non» avec assurance: déclinez poliment les demandes qui dépassent vos responsabilités ou votre énergie. Par exemple, «J'aimerais aider, mais je dois me concentrer sur ma propre charge de travail» ferait des merveilles.

Établissez votre «temps de recharge»: consacrez du temps en dehors du travail et des engagements sociaux pour vous ressourcer. Cela peut être un moment de calme à la maison, en vous consacrant à un passe-temps ou en passant du temps dans la nature. Cela vous protège de l'épuisement professionnel et vous aide à vous sentir plus énergique lorsque vous êtes avec d'autres.

Limites du Respect de Soi et des Soins Personnels

Les limites personnelles sont la première ligne de défense du respect de soi et du bien-être émotionnel. Ce sont les limites que vous fixez pour donner la priorité à votre santé, gérer votre énergie et rester fidèle à vos propres besoins. Lorsque vous respectez vos limites personnelles, comme consacrer du temps à prendre soin de vous, vous vous rappelez que vos besoins sont tant importants que ceux des autres.

Prenez exemple sur Daniel, qui a passé des années à sacrifier ses besoins pour les autres. Il se surpassait socialement et sautait l'exercice ou les projets personnels pour avoir du temps pour tout le monde. Un jour, il a décidé qu'il en avait assez. Il s'est fixé comme limite d'avoir au moins deux nuits par semaine rien que pour lui, en consacrant ce temps à des activités qu'il aimait. Résultat: Daniel se sentait plus ancré, équilibré et énergique dans tous les domaines de sa vie parce qu'il n'était pas constamment à la disposition des autres.

Étude de Cas: L'Histoire d'Eli – Le Point le Plus Bas Comme Tournant

Les limites, ces lignes que j'ignorais autrefois, sont là maintenant et elles ont bouleversé mon monde. Je ne suis pas le narcissique classique, loin de là, mais mon besoin de validation, de contrôle et d'attention avait toujours été intense, ce qui m'avait poussé à prendre des décisions folles. Par exemple, la fois où j'ai dépensé toutes mes économies pour un voyage à Chicago, allant même jusqu'à prendre de l'argent à mes parents pour avoir le frisson de l'approbation de mes amis. Mais quelque chose a changé. Les limites étaient fixées et, pour la première fois, elles ne voulaient ni se plier ni se briser pour moi.

Je suis allée voir mes amis et je leur ai tout mis à nu. J'ai avoué ce que j'avais fait et pourquoi je l'avais fait: comment je me comportais essentiellement comme une «bonne personne» juste pour absorber leur validation. Et vous savez quoi? Ils ne m'ont pas lâché. Ils ne se sont pas déchaînés. Ils m'ont écouté, puis m'ont clairement fait savoir où ils avaient tracé la ligne. Ils m'ont clairement fait comprendre qu'ils seraient là pour moi, mais seulement si je commençais à venir d'un endroit authentique et non d'un endroit conçu pour la validation. Pour la première fois, je n'avais pas d'autre choix que de faire face à la réalité de mon comportement. Leurs limites n'étaient pas floues et elles n'étaient pas des suggestions. Je devais changer parce qu'il n'y avait aucun moyen de dépasser ces lignes qu'ils avaient tracées dans le sable.

J'ai déjà perdu des amis, des gens qui m'avaient compris et qui étaient partis quand ils en avaient eu assez. Mais ces amis-là? Ils ne sont pas tombés dans ce schéma. Ils sont ancrés, sains et ne se contentent pas de jouer le jeu de mes pitreries. Ils ont des limites et ne les déplacent pas, peu importe à quel point j'essaie d'être intelligente ou charmante. Ils me le disent quand je commence à retomber dans mes vieilles habitudes. «Est-ce que tu fais ça parce que tu le veux vraiment, ou est-ce pour te valider?» Cela me touche durement. Je ne peux pas l'éviter. Et voici ce qui est intéressant: ils sont toujours là. Ils ne me laissent pas dépasser leurs limites, mais ils ne me rejettent pas non plus. Ils sont devenus cette présence constante qui me force à m'adapter, car si je ne le fais pas, je les perds.

Et puis, mes parents. Après le désastre de Chicago, ils ont fini par tracer leur propre ligne. Ils m'ont dit qu'ils n'étaient pas mon plan de secours, mon distributeur automatique de billets ou mon «filet de sécurité» sans fond. Voir en eux cette détermination inébranlable que je n'avais jamais vue auparavant a été comme un signal d'alarme. Mes astuces et mon charme habituels ne les faisaient pas bouger. Au début, cela m'a mis en colère, mais je ne pouvais pas nier l'impact. Ils m'ont montré que je ne pouvais plus me contenter de secondes chances. Je devais grandir et prendre mes responsabilités. J'ai réalisé qu'ils ne me coupaient pas les vivres, ils me forçaient à me débrouiller tout seul. Bizarrement, j'ai commencé à respecter cela, même si chaque centimètre carré de moi voulait me défendre.

Ce n'est pas facile. Quand mon cerveau commence à avoir envie de contrôle, de pouvoir, je me surprends à comploter, et c'est alors comme si je me heurtais à un mur. Être entouré d'amis qui fixent des limites fermes, c'est comme marcher sur un fil sans filet, car je sais qu'ils n'amortiront pas mes chutes. Ils sont là mais ne me permettent pas de faire ce que je veux, et je le ressens au plus profond de moi-même.

Le plus dur? De temps en temps, je les vois encore comme des «faibles» parce qu'ils me pardonnent et restent dans ma vie. C'est une bataille intérieure constante, apprendre à les respecter en tant qu'individus forts et ancrés plutôt que de simples acteurs de mon jeu personnel. Leurs limites? Elles ne sont pas négociables. Il n'y a pas d'échappatoire, pas de solution de contournement. Je dois me montrer telle que je suis – pas de masque, pas de manipulation. Quand je commence à me comporter, ils me ramènent directement à la réalité, comme un miroir qui ne me laisse pas me cacher. Ils sont sincères avec moi, et cette honnêteté est devenue quelque chose de fondamental, même si c'est inconfortable.

Ces relations? Ce sont les premières que je qualifierais de vraies. Peut-être même proches de l'amour, même si je suis encore en train de travailler là-dessus. Leurs limites ne sont pas seulement des limites, ce sont des leçons, des rappels pour me contrôler et réfléchir à mes intentions. Chaque interaction avec eux ressemble à une remise en question. C'est réel, brut et implacable, presque comme être sous les projecteurs, mais il y a quelque chose de solide là-dedans. Je ne peux pas les utiliser, et c'est une sorte de liberté dont je n'avais jamais pensé à avoir besoin.

Alors, oui, l'attrait pour la validation et le contrôle est toujours là, me ronge. Mais maintenant, je vois leurs limites comme un défi, un nouveau cadre auquel me tenir. Leurs «non» fermes et leurs lignes claires m'obligent à affronter mon comportement et à exister sans plier chaque interaction pour nourrir mon ego. C'est ce que c'est que d'être sincère, d'être entouré des gens qui n'ont besoin de moi que afin d'être honnête. Je réalise maintenant que c'est peut-être ma seule chance de devenir quelqu'un de meilleur.

Pratiques Quotidiennes pour Renforcer les Limites avec Soi-Même

Maintenir des limites personnelles exige de la cohérence et de l'engagement, surtout envers soi-même. Utilisez un agenda ou un calendrier pour allouer du temps aux tâches et aux activités. Marquez un créneau horaire spécifique pour «votre temps» et respectez-le, comme vous le feriez pour tout autre engagement.

Vous pouvez également essayer d'établir des habitudes de soins personnels non négociables, comme un rituel matinal ou un exercice physique régulier. Cela vous permet de garder les pieds sur terre et de vous envoyer le message que votre bien-être passe avant tout.

De plus essayez, avant de dire oui à une requête, de vous demander: «Est-ce que cela va me prendre de l'énergie ou du temps pour d'autres priorités?» En pratiquant cela, vous restez au centre de votre propre vie, vous permettant de rester intégral.

Etapes Actionnables

- **Entraînez-vous à dire «non» calmement et clairement:** commencez par utiliser «non» avec des demandes plus petites et moins personnelles pour gagner en confiance et vous assurer.

- **Créez un bloc de temps hebdomadaire pour vous-même:** désignez un bloc de temps chaque semaine qui vous est réservé, sans aucune obligation envers qui que ce soit d'autre. Cela contribuerait à renforcer votre besoin d'espace personnel et de ressourcement.

- **Écrivez vos limites pour le travail et la vie personnelle:** avoir une liste claire de vos limites pourrait aider à les renforcer; écrivez ce que vous êtes prêt à faire et ce qui se trouve en dehors de vos limites.

Questions Qui Incitent à la Réflexion

- Où ai-je dépassé mes limites pour les autres et quelle limite spécifique pourrait m'aider à protéger mon temps ou mon énergie?

- Qui dans ma vie a tendance à repousser mes limites et comment puis-je leur communiquer mes limites de manière respectueuse mais ferme?

- Quelles activités ou routines me permettent de me sentir enraciné et comment puis-je les intégrer de manière cohérente dans ma vie?

En fixant et en respectant des limites, vous posez les bases d'une vie où vos besoins, votre énergie et votre bien-être passent en premier. Personne d'autre ne devrait avoir le pouvoir de redéfinir cela

Chapitre 6: Reconstruire la Confiance – Apprendre à Ouvrir à Nouveau son Cœur

Rétablir la confiance après avoir subi la manipulation d'un narcissique dissimulé peut sembler une tâche ardue. Lorsqu'une personne à laquelle vous tenez déforme vos émotions et brouille votre sens de la réalité, il est tout à fait naturel de se sentir sur ses gardes et d'hésiter à laisser quelqu'un s'approcher à nouveau de vous. Mais la confiance ne concerne pas seulement les autres: il s'agit aussi d'apprendre à se faire confiance et à faire confiance à son instinct. Dans ce chapitre, nous verrons comment guérir de la trahison, renouer avec votre voix intérieure et faire de petits pas réguliers vers l'ouverture de votre cœur, cette fois avec sagesse, force et confiance.

Le Chemin Vers la Confiance en Soi: Pourquoi la Confiance en Soi est la Première Victime des Abus

Sous l'emprise d'un abus narcissique dissimulé, votre sens du jugement devient la première chose à souffrir. Les narcissiques dissimulés sont passés maîtres dans l'art de semer le doute, en vous obligeant à remettre en question même vos décisions les plus simples. Que ce soit par le biais du gaslighting, de la remise en cause de vos idées ou du rejet subtil de vos perceptions, ils vous donnent l'impression que vous ne pouvez pas vous faire confiance en vous-même, en vous laissant dépendant d'eux pour valider la réalité.

Sans confiance en soi, même les plus petits choix peuvent sembler insurmontables. Avoir confiance en soi est fondamental pour reprendre sa vie en main; c'est la boussole qui vous permettrait de prendre des décisions en toute confiance, de dire «non» lorsque vous en aviez besoin et d'explorer de nouvelles relations sans crainte. Reconstruire cette confiance en soi vous permettrait d'avancer sans constamment remettre en question votre valeur ou vos instincts.

Votre voix intérieure est le guide silencieux qui connaît vos véritables désirs, vos limites et vos forces. Les abus ont peut-être enterré cette voix, mais elle n'a pas disparu. Commencez par créer un espace pour cela, en vous accordant des moments pour écouter et faire confiance aux murmures de votre intuition une fois de plus, sachant qu'elle est votre guide le plus vrai et le plus fidèle.

Étapes pour Rétablir la Confiance dans Vos Décisions

Commencez par de petites décisions à faible risque, comme choisir un livre à lire ou choisir de quoi à manger. Ces choix apparemment mineurs s'accumulent, créant une base de confiance qui renforce votre capacité à choisir sans deviner. Chaque «oui» ou «non» qui semble vrai renforce la confiance en votre propre voix.

Un exercice puissant consiste à noter vos décisions chaque jour, en notant pourquoi vous les aviez prises et ce que vous aviez ressenti. Réfléchissez à ces choix à la fin de la semaine, en observant la fréquence à laquelle vous aviez fait confiance à votre instinct. Voir vos pensées sur papier vous permettrait de voir des schémas de force et de clarté, renforçant cette voix intérieure.

Pour rétablir la confiance, autorisez-vous à choisir, à ressentir et à même faire des erreurs. Les relations abusives vous apprennent que vos choix ne sont pas valables, mais la permission vous rappelle que vous n'avez pas besoin de validation extérieure pour en être digne. Acceptez chaque décision comme la vôtre, sachant que la croissance implique souvent des essais et des erreurs.

Écouter à Nouveau son Instinct

Votre instinct est un mécanisme de survie, conçu pour vous protéger et vous guider, mais les abus peuvent le faire taire. La reconnexion commence par la prise de conscience. Remarquez quand votre corps réagit, que ce soit par des sensations physiques ou une sensation dans votre poitrine. Reconnaissez ces réponses comme réelles et valables, même si elles semblent faibles au début.

Avoir confiance en soi signifie honorer les messages que vos émotions et votre corps vous envoient. Si vous vous sentez mal à l'aise ou nerveux, prenez-le comme un signe plutôt que de le rejeter. Les réactions physiques, comme la tension dans l'estomac ou les épaules, sont souvent des signes que quelque chose ne correspond pas à votre personnalité; se mettre à l'écoute de ces signaux permet de rétablir le lien entre votre esprit et votre intuition.

L'intuition est un muscle qui se renforce avec l'usage, même après que les abus l'ont émoussé. Commencez à pratiquer la pleine conscience pour vous ancrer dans le présent, car cela atténue les bruits extérieurs et vous connecte à votre rythme intérieur. En laissant parler votre instinct, vous constateriez que votre intuition naturelle revient lentement, plus forte et plus claire qu'avant.

Faire Confiance aux Autres après une Trahison

Après avoir vécu une trahison, il est naturel de construire des murs émotionnels pour se protéger. Cette armure est la façon dont votre cerveau prévient la douleur. Une protection pour empêcher quiconque de s'approcher suffisamment près de vous pour vous blesser à nouveau. Mais ce mur peut également vous empêcher de recevoir l'amour et le soutien que vous méritiez, ce qui rendrait la confiance impossible.

Démanteler ces murs ne consiste pas à vous ouvrir grand, mais à faire de petits pas sûrs. Commencez par laisser progressivement entrer des personnes de confiance dans votre monde, en testant les eaux par de petits actes de vulnérabilité. Prenez votre temps, fixez des limites si nécessaire pour vous sentir en sécurité et en contrôle pendant que vous rétablissez votre confiance dans les autres.

N'oubliez pas que la prudence est sage. C'est une façon de vous protéger en vous basant sur les leçons du passé. La peur, en revanche, est omniprésente et vous empêche de vivre une véritable connexion. Entraînez-vous à reconnaître la différence: la prudence laisse place à la connexion avec la conscience, tandis que la peur isole et crée de la distance .

Équilibrez-les en permettant à une confiance prudente de vous guider sans laisser la peur vous dominer.

Comment Évaluer les Relations de Manière Saine

Vous êtes maintenant plus attentif aux signaux d'alarme, mais ne laissez pas l'hypervigilance remplacer l'ouverture. Soyez attentif aux schémas tels que les comportements incohérents, le non-respect des limites ou le manque de responsabilité. Les remarquer tôt vous permet d'agir si nécessaire, mais n'oubliez pas de rester ancré, d'évaluer calmement les situations plutôt qu'à travers le prisme des souffrances passées.

Se précipiter dans une relation peut être excitant, mais la véritable confiance prend du temps à se construire. Laissez les relations se développer naturellement, en ajoutant des couches de confiance à mesure que vous observez la cohérence, le respect et l'attention mutuelle au fil du temps. Cette approche lente évite la confiance aveugle, en vous donnant une base solide pour résister aux essais.

Les limites sont le fondement de votre respect de soi, et les partager dès le début est un acte de confiance. Soyez clair et direct sur ce qui vous semble bon, que ce soit dans le cadre d'une amitié ou d'une relation amoureuse. Dire: «J'apprécie la communication ouverte» ou «Il est important pour moi d'avoir un espace personnel» non seulement crée des attentes, mais vous permet également de vous retirer si ces limites ne sont pas respectées.

Reconstruire la confiance sans Être Naïf

Rétablir la confiance ne signifie pas abandonner votre force durement acquise; cela signifie laisser les gens entrer tout en préservant vos valeurs. Autorisez la vulnérabilité par étapes, en partageant des parties de vous-même de manière réfléchie avec des personnes qui ont montré qu'elles étaient dignes de confiance au fil du temps. Cette approche vous permet de rester ouvert à la connexion sans risquer votre estime de soi ou votre sécurité.

«Faire confiance mais vérifier» est votre méthode de prédilection pour une approche équilibrée. Laissez la confiance se construire, mais faites également attention à ce que les actions correspondent aux paroles. Les relations authentiques se développent grâce à l'honnêteté et à la responsabilité, alors vérifiez régulièrement ce que vous ressentez, en observant les comportements au lieu de vous fier uniquement aux promesses.

Et n'oubliez pas que les relations saines laissent de la place à votre individualité et encouragent la croissance, tandis que les relations toxiques limitent votre estime de soi. Recherchez la cohérence, la gentillesse et le respect comme des marqueurs d'une connexion authentique, et méfiez-vous des comportements qui sapent votre valeur ou vos limites. Reconnaître ces signes vous permet d'accueillir les connexions positives et d'éviter celles qui font écho aux préjudices passés.

Cultiver des Liens Sains

Survivre à un abus narcissique vous laisse souvent isolé, ce qui rend difficile le maintien ou même la reconnaissance de liens sains. L'abus peut vous rendre méfiant envers les autres, vous obligeant à vous éloigner des personnes qui se soucient de vous. Reconnaître cela vous aide à voir où la guérison est nécessaire, vous permettant de commencer à tendre la main avec une clarté et une force nouvelle.

Un système de soutien solide et positif constitue la base de la résilience émotionnelle. Qu'il s'agisse d'amis, de la famille ou de groupes de soutien, s'appuyer sur les autres de manière saine vous rappelle que vous n'êtes pas seul. S'entourer de personnes qui se soucient vraiment de vous renforce votre capacité à rester indépendant tout en adoptant la confiance et la compassion.

Recherchez des relations qui respectent vos limites, célèbrent votre croissance et respectent votre individualité. Identifiez les amis ou les membres de la famille qui vous apportent joie, compréhension et encouragement à votre vie, et engagez-vous à entretenir ces liens. Renforcer les liens positifs, c'est comme construire un filet de sécurité personnel qui vous soutient à mesure que vous avancez.

Attirer des Personnes Émotionnellement Saines

Au fur et à mesure que vous guérissez et redécouvrez votre véritable moi, vous constaterez que l'énergie que vous projetez attire des individus plus sains et équilibrés. Votre croissance et votre nouvelle estime de soi deviennent un aimant pour les personnes qui sont tout aussi ancrées, solidaires et conscientes de leurs émotions. Plus vous investissez dans les soins personnels, plus vous attirez des personnes qui apprécient et reflètent ces qualités.

Les personnes émotionnellement saines respectent les limites, assument leurs responsabilités et communiquent ouvertement sans manipulation. Elles vous haussent sans dominer votre énergie, laissant de l'espace à votre individualité. Recherchez une gentillesse constante, une curiosité authentique et de l'empathie, des traits qui créent une dynamique équilibrée et réciproque.

Les relations significatives nécessitent de la vulnérabilité et de l'honnêteté, équilibrées par le respect des limites. Prenez le temps d'apprendre à connaître lentement de nouvelles personnes, en partageant des expériences qui renforcent la confiance au fil du temps. Ces étapes intentionnelles créent des

liens ancrés dans le respect mutuel, garantissant que chaque
relation est aussi enrichissante que solidaire.

Construire une Vie de Connexion sans Peur

Entrer dans de nouvelles relations après un abus demande
du courage, mais chaque pas en avant renforce la résilience.
Adoptez de petits actes de confiance, apprenez à aborder de
nouvelles relations avec un cœur ouvert. Chaque connexion
authentique renforce votre sentiment de sécurité, en vous
rappelant que la confiance et les limites peuvent coexister.

Une chose que j'aimerais souligner ici est que le pardon consiste moins à tolérer les préjudices passés qu'à relâcher leur
emprise sur vous. Abandonner le ressentiment libère votre
énergie pour des connexions positives, vous permettant de
vous concentrer sur des relations qui vous honorent et vous
haussent. C'est un choix d'être ancré dans le présent, et non
pas alourdi par ce qui s'est passé avant.

Vos futures relations sont une opportunité de redéfinir ce
que la connexion signifie pour vous. Avec un sentiment renouvelé de confiance en vous, vous pouvez désormais entrer
en interaction avec confiance et complaisance, sachant que
vos limites sont solides. C'est une vie où la connexion n'est
plus ressentie comme un risque mais comme une extension
joyeuse de votre voyage. Vous êtes désormais prêt à vivre des
relations qui vous soutiennent et vous nourrissent, confiant

dans la connaissance que le pouvoir de cultiver des relations saines réside en vous.

Étude de Cas: Comment Lola a Reconstruit la Confiance

Ce voyage a commencé par une dure prise de conscience. J'étais la «meilleure amie» de quelqu'un qui s'est avérée être une manipulatrice hors pair, une narcissique cachée qui m'avait sous son emprise dès le premier jour. Elle a rapidement agi, s'est immiscée dans ma vie, a déformé ma perception du monde et des autres. Elle a dépeint l'une de nos amies communes comme un monstre, un danger, et je l'ai crue. J'étais aveuglée et loyale. Jusqu'à ce que je ne le sois plus. Le masque est tombé, et quand il l'a fait, la vérité m'a frappée comme un train de marchandises. Je l'ai coupée, croyant que j'étais libre. Mais une confiance brisée ne se rétablit pas simplement parce qu'on le veut.

Le vrai travail a commencé avec l'amie qui est restée avec moi. Elle avait tout vu et avait toujours des liens avec mon ex-amie. Ils avaient une histoire profonde, des racines que je ne pouvais pas simplement arracher. Elle m'a rassuré et m'a promis que j'étais sa priorité, mais à chaque fois qu'ils se rencontraient, mes vieilles blessures s'ouvraient en grand. Chaque déjeuner, chaque rencontre informelle, était un déclencheur. Peu importe le nombre de fois où elle jurait fidélité, mon cœur se serrait et mon esprit tournait en rond. Je ne pouvais pas me débarrasser du sentiment de trahison, comme si la voir avec cette personne annulait tout ce que j'avais réussi à guérir.

Et puis il y avait mon petit ami. Comme moi, il avait une ex qui connaissait toutes les astuces de manipulation possibles, sauf qu'il était obligé de co-élever ses enfants. Chaque interaction qu'ils avaient était pour moi une nouvelle source d'anxiété, un rappel de mes propres cicatrices. Entre les liens de mon amie avec mon ex-amie et les liens de mon petit ami avec son ex, j'avais l'impression d'être constamment tendue, me préparant à une trahison qui n'était même pas là. Pouvais-je laisser tomber? Pouvais-je vraiment faire confiance à ces personnes sans avoir l'impression d'être au bord du désastre?

La réponse n'était pas simple, mais elle était claire: la confiance ne viendrait pas d'elles. Elle devait venir de l'intérieur de moi. J'ai réalisé que si je voulais un jour établir des liens solides et durables, je devais commencer par moi-même. Reconstruire la confiance envers les autres ne serait possible que si je pouvais me fier à mon jugement et à mon instinct. Je devais briser les murs que j'avais construits autour de mon cœur, une couche douloureuse à la fois. Ces murs m'avaient protégé pendant des années, mais maintenant ils me retenaient. Je devais laisser les gens entrer si je voulais de vraies relations, mais à mes conditions.

Quelqu'un m'a dit un jour de privilégier «le calme et les actions» aux mots. Les narcissiques montrent de l'amour quand cela leur convient, mais le véritable amour, la vraie loyauté? C'est constant. Inébranlable. J'ai regardé mon amie, celle qui est restée. Elle était là, solide comme un roc. Elle n'avait pas besoin de prouver quoi que ce soit, n'avait pas hésité ou insisté. Elle était juste... là, se présentant à moi sans aucun gain. J'ai trouvé la première lueur de quelque chose en laquelle je pouvais avoir confiance dans cette constance tranquille.

Le processus n'était pas glamour. Il était dur et lent. Je n'ai pas essayé de surmonter mes peurs ou d'ignorer mes réactions instinctives. J'ai pris les choses au jour le jour, en laissant chaque petit geste de gentillesse pénétrer mon esprit, en construisant la confiance comme les briques d'un mur. Il ne s'agissait pas de gestes radicaux, mais d'empiler ces petits moments jusqu'à ce qu'ils forment un astuce solide. Chaque fois que mon amie se présentait et que mon copain faisait face à son ex sans laisser cela nous affecter, je me permettais de croire un peu de plus.

Ce changement n'a pas seulement affecté mon amie; il s'est répercuté sur toutes mes relations. Avec mon copain, j'ai commencé à voir ses interactions avec son ex comme une preuve de sa résilience plutôt que comme une menace. Son passé ne le définissait pas. Il me montrait, petit à petit, qu'il était avec moi, qu'il n'était pas hanté par ce qui s'était passé avant.

Lentement, j'ai arrêté d'attendre que l'autre chaussure tombe et j'ai arrêté de le voir à travers le prisme de ma propre confiance brisée.

Pour être honnête, la confiance n'est pas une foi aveugle. J'étais prudente et observatrice. Je me suis interrogée sur moi-même, en guettant les signaux d'alarme sans les laisser me contrôler. Mon intuition, aiguisée par des années de manipulation, est devenue mon meilleur guide. Je l'ai écoutée, en remarquant ceux qui me faisaient me sentir en sécurité, ceux qui m'apportaient ce sentiment rare et tranquille de calme qu'offre le véritable amour. Faire confiance à mon instinct m'a ouvert la liberté de m'ouvrir, non pas aveuglément, mais avec intention et détermination. Reconstruire la confiance ne consistait pas à abattre les murs qui me protégeaient; il s'agissait d'apprendre à laisser entrer les autres. Ces défenses? Elles m'avaient protégé quand j'en avais besoin, mais je n'en avais pas besoin à pleine puissance à chaque instant. Alors, au lieu de fermer les yeux à tout le monde, j'ai ouvert la porte juste assez pour que les bonnes personnes fassent leurs preuves, en faisant confiance à mes propres limites pour me maintenir stable.

Le véritable changement a été de réaliser que je pouvais à nouveau me faire confiance. Mes limites étaient claires. Mon sens de moi-même était solide. Pas besoin de prouver quoi que ce soit ou de maintenir tout le monde à distance. J'ai commencé à accepter les gens qui respectaient ces limites et qui ne me poussaient pas à être quelqu'un que je n'étais pas. C'est à ce moment-là que j'ai compris: la confiance ne concerne pas seulement les autres. Il s'agit de rester ferme dans sa propre personne, de prendre des risques calculés et de renoncer à la nécessité de contrôler chaque résultat.

Maintenant, je ne suis plus sur mes gardes, à attendre une trahison ou à remettre en question mes motivations à chaque tournant. Je laisse les gens s'approcher de moi, non pas parce que je suis naïve, mais parce que j'ai confiance en ma résilience. Et avec cette liberté, je construis enfin des relations qui honorent ma vraie nature: forte, vive et prête à affronter tout ce qui m'arrive.

Mesures Concrètes

- **Reconnectez-vous à votre cercle intime:** identifiez une ou deux personnes avec lesquelles vous vous sentez en sécurité et faites un effort pour renouer le contact. Commencez par partager votre parcours honnêtement, sans crainte de jugement, et remarquez comment cela aide à rétablir la confiance.

- **Définissez ce que vous voulez dans vos relations futures:** prenez quelques minutes pour répertorier les qualités et les valeurs que vous souhaitez dans vos relations d'amitiés et vos partenariats. Cette liste sert de rappel pour vous aligner sur des relations qui soutiennent votre croissance et votre authenticité.

- **Pratiquez la communication consciente:** dans vos interactions, prenez un moment pour vous exprimer directement et ouvertement. Cet exercice renforce la confiance dans la communication et renforce les relations qui prospèrent sur l'honnêteté et le respect.

Questions Qui Incitent à la Réflexion

- Qui vous soutient vraiment tel que vous êtes et comment pouvez-vous approfondir votre lien avec cette personne?

- Quelles qualités vous permettent de vous sentir en sécurité, respecté et valorisé dans une relation?

- Comment pouvez-vous déplacer votre attention des craintes passées vers une vision de relations futures qui vous semblent sûres et épanouissantes?

En réfléchissant à ces questions et en suivant ces étapes, vous vous retrouverez prêt à créer et à profiter de relations fondées sur le respect, la confiance et la croissance mutuelle.

Chapitre 7: Redéfinir Votre Identité – Devenez la Personne que vous Étiez Censé Être

Lorsque vous avez été dans l'ombre d'un narcissique dissimulé, il est facile de perdre de vue qui vous êtes. Leur manipulation peut vous amener à remettre en question votre valeur, vos choix et même votre sens de soi. Mais se libérer signifie plus que simplement couper les ponts: il s'agit de redécouvrir qui vous êtes vraiment, au-delà de leur influence. Dans ce chapitre, nous explorerons comment redéfinir votre identité, accepter votre moi authentique et devenir la personne que vous avez toujours été censé l'être. C'est votre chance de récupérer votre histoire, de réécrire votre récit et de vivre votre vie selon vos propres conditions.

Guérir le Moi Perdu

Nous avons établi que les narcissiques dissimulés se spécialisent dans l'érosion de votre sens de soi en vous faisant remettre en question ce que vous représentez. Ils remettront subtilement en question vos valeurs, en disant des choses comme: « Je ne comprends pas pourquoi c'est si important pour toi » ou « Es-tu sûr d'y croire? » Au fil du temps, ces commentaires peuvent vous amener à remettre en question vos propres croyances, en vous laissant avec un sentiment de perte ou de confusion en votre véritable identité.

Sous leur influence, vous pouvez perdre le contact avec votre véritable identité sans que vous ne vous en rendiez compte. En effet, les critiques et les doutes constants du narcissique vous obligent à remodeler vos pensées et vos actions pour éviter les conflits ou gagner son approbation. Au final, cela conduit à un état où vous vous sentez étranger à vous-même, incertain de ce qui vous appartient et de ce qui vous a été imposé.

Prenez Jamie, qui aimait lire et rêvait de voyager seule autour du monde. Mais après des années avec un narcissique secret qui a rejeté ses passions, les qualifiant d'«égocentriques», elle s'est à peine reconnue. Les passe-temps et les rêves de Jamie ont disparu, remplacés par des intérêts que son partenaire approuvait, comme rester près de chez elle et se concentrer uniquement sur les besoins de son partenaire. Au moment où elle s'en est rendu compte, sa vie avait déjà été entièrement façonnée par les désirs de quelqu'un d'autre.

Reconnectez-Vous à Votre Moi Authentique

Commencez par écrire un journal sur ce qui vous avait apporté de la joie. Posez - vous des questions telles que «Qu'aimais-je avant cette relation?» et «Quelles valeurs me semblent authentiques maintenant?» Écrivez sans porter de jugement, en laissant vos désirs et croyances authentiques remonter à la surface. Cet exercice pourrait vous aider à clarifier des parties de vous-même qui ont pu être cachées sous des couches de doute et de culpabilité.

La solitude offre une pause dans le bruit des opinions extérieures, en vous permettant de vous reconnecter à votre voix intérieure. Sans l'influence du narcissique, vous commencerez à entendre ce qui résonne vraiment en vous. La solitude et la réflexion offrent l'espace nécessaire pour reconstruire votre sens de soi, un sens qui correspond à vos besoins et à vos valeurs.

Laura, par exemple, avait l'habitude de tout remettre en question, convaincue de ne pas savoir ce qui était le mieux pour elle. Après avoir quitté son partenaire narcissique, elle a commencé à passer ses matinées seule dans la nature, à réfléchir à ce qui comptait le plus. Lentement, elle a récupéré des parties d'elle-même: son amour pour la musique, sa valeur d'indépendance et sa passion pour la créativité. Ce moment de calme a aidé Laura à se rappeler qui elle était avant cette relation.

Définissez Qui Vous Voulez Être après la Violence

Imaginez votre vie complètement libre des limites que le narcissique vous avait imposées. Quelles activités remplissent vos journées? De quel genre de personnes vous entourez-vous? Visualiser cette vie vous donnerait un objectif à atteindre et vous reconnecterait aux rêves que vous aviez peut-être mis de côté.

Fixez-vous de petits objectifs significatifs qui représentent vos valeurs et vos intérêts, qui sont uniquement pour vous. Qu'il s'agisse de vous lancer dans un passe-temps, d'investir dans le développement personnel ou de créer un cercle social de soutien, ces objectifs doivent refléter vos désirs véritables, et non les attentes de quelqu'un d'autre.

Chaque étape que vous franchissez pour construire votre vie après la violence doit être en phase avec qui vous êtes vraiment. Cet alignement établit une base de respect de soi et vous empêche de retomber dans des rôles qui ne vous serviraient pas. Considérez cela comme la création d'une vie reflétant vos valeurs fondamentales et apportant un sentiment d'épanouissement.

Adoptez l'Autocompassion et Prenez Soin de Vous

L'autocompassion agit comme un baume, en abordant la douleur laissée par des années de dénigrement et de manipulation. En faisant preuve de compréhension et de patience envers vous-même, vous commencez à remplacer l'autocritique qui était probablement ancrée en vous par le narcissique. Cette approche compatissante vous permettrait de guérir à votre rythme, sans jugement.

Pratiquez des affirmations douces, parlez-vous gentiment et reconnaissez que les erreurs font naturellement partie de la croissance. Considérez les défis comme des occasions de vous montrer la gentillesse et le soutien dont vous aviez peut-être manqué dans le passé. Des actes simples comme dire «Ce n'est pas grave, j'apprends» peuvent transformer des moments de doute en occasions de se ravitailler.

Après avoir quitté une relation de contrôle, Marie a lutté contre des sentiments d'inutilité. La voix de son ex semblait résonner dans son esprit chaque fois qu'elle faisait une erreur, alimentant l'autocritique. Elle a progressivement commencé à contrarier ces pensées avec des affirmations telles que «Je suis aisée» et à s'entraîner à reconnaître ses efforts au lieu de se fixer sur la perfection. Au fil du temps, cette pratique a aidé Marie à remplacer la voix intérieure critique par une voix bienveillante.

Le Pouvoir de la Routine et des Rituels de Soins Personnels

Prendre soin de soi ne se résume pas seulement à du luxe ou à des plaisirs; il s'agit de nourrir son bien-être de manière constante. De petits gestes comme une tasse de thé chaud, la tenue d'un journal ou une promenade en soirée vous envoient un message: vous méritez qu'on s'occupe de vous. Ces moments d'attention s'accumulent, vous ancrent et renforcent votre valeur.

Choisissez des rituels réparateurs comme les étirements matinaux, une routine de soins de la peau le soir ou un moment de calme dédié à la réflexion. L'objectif est de créer des routines qui correspondent à ce qui vous fait vous sentir entier et ressourcé. Même quelques minutes chaque jour consacrées à votre bien-être peuvent renforcer une mentalité plus saine et vous donner les moyens de vous engager sur votre chemin de guérison.

Emma, par exemple, a trouvé du réconfort dans une routine matinale simple après la fin de sa relation. Elle commençait chaque journée par dix minutes de méditation, se concentrant sur elle-même, suivies d'un journal, où elle fixait de petites intentions ou réfléchissait à ses progrès. Cette pratique a aidé Emma à développer sa résilience émotionnelle, lui donnant une base solide au milieu des hauts et des bas de la guérison.

Pratiquez la Patience avec Votre Parcours de Guérison

La guérison est rarement un chemin direct. Elle implique de revisiter une ancienne douleur, d'affronter de nouvelles émotions et de surmonter les revers. Reconnaître cela peut éviter la frustration pendant les périodes difficiles, vous permettant d'aborder votre voyage avec douceur. N'oubliez pas que chaque étape, même la plus difficile, vous rapproche de la liberté émotionnelle.

Lorsque la guérison vous semble difficile, rappelez-vous pourquoi vous aviez commencé ainsi que le chemin parcouru. Réfléchissez à vos progrès, aussi minimes soient-ils, et recentrez-vous sur le soutien, les soins personnels ou les stratégies d'adaptation qui vous remontent le moral. En choisissant de rester engagé, vous honoreriez votre résilience et renforceriez votre croissance.

Prenez note de chaque petite victoire. Une journée sans doute, un moment de joie ou une décision que vous avez prise pour vous-même. Aussi insignifiantes qu'elles puissent paraître, ces victoires sont des indicateurs essentiels de vos progrès. Les célébrer renforce le changement positif, vous motivant à continuer d'avancer.

Reconstruire des liens avec des personnes qui vous apprécient

Commencez léger: Tendez la main: Ne vous sentez pas obligé de plonger immédiatement dans des conversations profondes. Commencez par un simple SMS, un appel ou un message pour renouer le contact. Dites quelque chose comme: «J'ai pensé à toi et j'aimerais te voir. Comment vas-tu?» Restez décontracté au début si cela vous semble plus confortable. Rétablir une connexion n'a pas besoin d'être écrasant – cela peut être aussi simple que de se dire bonjour à nouveau.

Planifiez du temps intentionnel ensemble: planifiez des activités qui encouragent la conversation et la création de liens. Cela peut être; prendre un café, aller se promener ou se retrouver pour déjeuner. Choisissez des activités qui vous rappellent des moments plus heureux et insouciants. Par exemple, si vous aimiez faire de la randonnée avec un ami, proposez-lui de parcourir ensemble les sentiers. Ces expériences partagées vous permettent de vous concentrer sur la construction de relations positives et affirmatives de manière organique.

Soyez honnête à propos de votre parcours: une fois que vous êtes prêt, partagez des parties de votre expérience, mais seulement avec des personnes en qui vous avez une confiance profonde. Être honnête à propos de ce que vous aviez vécu pourrait les aider à comprendre votre point de vue et à vous offrir un soutien significatif. Vous n'avez pas besoin d'entrer dans tous les détails – partagez uniquement ce qui vous semble confortable et sûr.

Entourez-vous d'une énergie de soutien: faites attention à ce que les gens vous font ressentir. Passez du temps avec ceux qui vous encouragent, célèbrent vos réussites et vous offrent un soutien sincère. Fixez des limites avec toute personne qui épuise votre énergie ou nuit à vos progrès. Reconstruire vos relations doit vous donner du pouvoir, et non vous épuiser.

Concentrez-vous sur l'impact positif: renouer avec les bonnes personnes peut vous rappeler qui vous étiez avant l'influence du narcissique. Réfléchissez aux qualités que vos amis et votre famille avaient toujours aimées chez vous. Permettez à ces moments de connexion de renforcer votre confiance en vous. Lorsque vous vous verrez à travers leurs yeux, vous commencerez à reconnaître les parties de vous-même que vous aviez peut-être oubliées.

En suivant ces étapes, vous reconstruirez un réseau de relations qui reflètent et renforcent votre valeur. S'entourer par des personnes qui vous voient et vous célèbrent pour ce que vous êtes, est l'un des moyens les plus puissants de guérir et d'aller vers l'avant.

Découvrez Vos Passions pour Vous Redécouvrir

Trouver vos passions est une étape clé pour redécouvrir qui vous êtes. Après avoir vécu une relation où vos intérêts ont pu être ignorés ou éclipsés, il est temps de renouer avec ce qui vous fait vous sentir vivant. Même si vous ne savez plus exactement ce que sont ces astuces, ne vous inquiétez pas, c'est l'occasion d'expérimenter et de redécouvrir.

Commencez par la curiosité: pensez aux activités ou aux passe-temps qui vous rendaient heureux. Aimiez-vous dessiner, écrire ou faire du sport quand vous étiez enfant? Commencez par là. Demandez-vous ce que vous avez toujours voulu essayer mais que vous n'avez jamais eu l'occasion d'explorer. Et gardez l'esprit ouvert: parfois, les activités les plus simples pourraint susciter une joie inattendue.

Expérimentez de nouvelles expériences: essayez différentes astuces sans la pression d'être excellent. Suivez un cours de peinture, partez en randonnée ou apprenez une nouvelle recette. Vous pouvez essayer de vous inscrire à des ateliers ou à des événements communautaires qui vous intéressent. Ce sont des moyens sans pression de vous lancer dans de nouvelles activités. N'oubliez pas qu'il ne s'agit pas d'être parfait, mais de voir ce qui vous convient.

Prenez le temps de vous réjouir: prévoyez régulièrement du temps pour ces activités, même si ce n'est qu'une heure par semaine. Cela crée de l'espace dans votre vie pour des choses qui nourrissent votre bonheur. Considérez ce temps comme sacré: c'est votre chance de vous concentrer sur vous-même et sur ce que vous aimez. Considérez-le comme moyen de recharger votre énergie et de vous reconnecter à qui vous étiez.

Laissez tomber le jugement: ne vous inquiétez pas de savoir si vos passions sont «utiles» ou «productives». Il s'agit de votre bonheur, pas des normes de quelqu'un d'autre. Laissez-vous aller. Il n'y a rien de mal à essayer quelque chose de nouveau et à ne pas être parfait. La croissance se produit lorsque vous vous autorisez à faire des erreurs et que vous vous amusez en cours de route.

Construisez une vie qui vous ressemble: lorsque vous explorez vos passions, remarquez ce qu'elles vous font ressentir. Vous apportent-elles la paix, l'excitation ou la confiance? Appuyez-vous sur ces sentiments. Au fil du temps, ces activités vous aideront à créer une vie qui reflète votre moi authentique, remplie de choses qui vous apportent joie et épanouissement.

Redécouvrir vos passions, c'est comme reconstituer un puzzle de qui vous étiez. Chaque nouvelle activité, passe-temps ou intérêt est une pièce de plus qui vous rapproche de votre véritable moi. C'est le moment d'explorer, d'expérimenter et de remplir votre vie de choses qui vous rendent vraiment heureux.

Célébrez les Petites Victoires pour Retrouver Votre Identité

Reconstruire votre identité ne se fait pas du jour au lendemain, et c'est tout à fait normal. C'est un voyage fait de petites étapes significatives, chacune vous rapprochant de la personne que vous êtes vraiment. En célébrant ces petites victoires, vous reconnaissez non seulement vos progrès, mais vous renforcez également votre confiance et votre motivation pour continuer.

Reconnaissez vos choix: chaque fois que vous prenez une décision pour vous-même, que ce soit le choix de vos vêtements, de votre alimentation ou de la façon dont vous passez votre temps, vous retrouvez votre autonomie. Célébrez ces moments, aussi ordinaires soient-ils. Chaque choix est un pas vers la reprise du contrôle de votre vie et la redécouverte de votre identité.

Gardez une trace de vos victoires: écrivez vos réalisations, aussi minimes soient-elles. Par exemple, «J'ai porté une tenue que j'adore aujourd'hui» ou «J'ai enfin essayé cette nouvelle recette qui m'intrigue». Voir vos progrès écrits vous aide à reconnaître le chemin parcouru, en particulier les jours difficiles où vous avez l'impression de ne pas faire de progrès.

Récompensez-vous: célébrez vos petites victoires avec quelque chose que vous aimez. Offrez-vous votre collation préférée, prenez un bain relaxant ou consacrez du temps à faire quelque chose qui vous rend heureux. Les récompenses ne doivent pas nécessairement être extravagantes: ce qui compte, c'est que vous reconnaissiez vos efforts et vos progrès d'une manière qui vous semble significative.

Concentrez-vous sur la croissance, pas sur la perfection: retrouver votre identité ne consiste pas à tout faire correctement immédiatement. Il s'agit d'avancer étape par étape, d'apprendre et de progresser en cours de route. Rappelez-vous que chaque petit gain est le preuve de votre force et de votre résilience, même si le processus semble parfois lent.

Partagez vos victoires avec des personnes qui vous soutiennent: parlez de vos petites succès avec des amis ou des membres de votre famille qui célèbrent sincèrement vos progrès. Leurs encouragements peuvent vous aider à voir vos exécutions sous un nouveau jour. S'entourer de personnes qui vous encouragent renforce la conviction que vous faites quelque chose d'incroyable en vous mettant en avant.

Reconquérir votre identité est un voyage, et chaque petite succès est un élément constitutif de la confiance et de la force que vous créez. Reconnaître et honorer ces moments vous permet d'apprécier le chemin parcouru, étape par étape, alors que vous reconstruisez votre vie selon vos propres conditions.

Créer un Nouveau Code de Conduite Personnel

Élaborer un code de conduite personnel revient à rédiger un plan directeur pour vos valeurs et vos limites. Il fournit un ensemble clair de normes sur ce que vous acceptez et n'acceptez pas dans vos relations, votre travail et votre propre comportement. Commencer en réfléchissant aux expériences passées qui vous ont semblé épuisantes ou irrespectueuses, et réfléchissez à la manière dont vous pouvez créer des limites qui vous protègent de situations similaires. Prenez note de ce qui vous semble essentiel à votre bien-être, comme le respect, l'honnêteté et la gentillesse, ainsi que rendez-les non négociables. Cet exercice consiste à vous protéger des autres et à créer une vie qui correspond à votre véritable personnalité et à vos aspirations.

Commencer en dressant la liste des valeurs fondamentales que vous souhaitez privilégier, comme le respect mutuel, la responsabilité et l'empathie. Pour chaque valeur, réfléchissez à la manière dont elle peut être appliquée concrètement dans différents domaines de la vie. Dans les relations, cela peut signifier insister sur l'égalité des efforts et la transparence; au travail, cela peut impliquer de respecter votre temps et votre santé mentale en fixant des limites de disponibilité. En écrivant ces normes, vous les gardez à l'esprit, ce qui facilite leur reconnaissance et leur application. En définissant chaque limite, vous construisez une vie fondée sur le respect de soi et vous vous assurez que vos interactions reflètent la personne que vous devenez.

La responsabilité est le fondement de tout système de limites solide. Réfléchissez régulièrement à vos actions et à vos interactions pour vous assurer qu'elles correspondent aux valeurs et aux normes que vous vous êtes fixées. Utilisez un journal ou un calendrier pour noter les moments où vous avez respecté vos limites et les moments où vous les aviez peut-être transgressées. Si vous faites une erreur, ne soyez pas rude avec vous-même. Au lieu de cela, rappelez-vous pourquoi chaque limite est essentielle et réaffirmez votre engagement envers elles. La responsabilité de soi renforce le respect de soi, ce qui facilite le maintien de vos normes et la poursuite de votre évolution vers la personne que vous vous efforcez à devenir.

Enfin, soyez patient envers vous-même. La personne que vous voulez être ne se cache pas quelque part, attendant que vous la trouviez – elle est déjà en vous, attendant la permission de s'épanouir. Ayez confiance: chaque choix que vous faites pour vous donner la priorité, chaque limite que vous fixez et chaque lien que vous entretenez vous aideraient à vous rapprocher de cette version de vous-même. N'oubliez pas qu'il ne s'agit pas de devenir quelqu'un de nouveau, mais de devenir celui que vous avez toujours été censé être.

Étude de Cas: Comment Erica s'est Réappropriée

Erica se tenait au bord de sa propre vie, en regardant l'espace qui était autrefois rempli des exigences et des règles de quelqu'un d'autre. Et maintenant la liberté: vaste et terrifiante. Pour la première fois depuis des années, elle a dû répondre à la question: qui est-ce que je voudrais être? Pas à pas, le cheminement d'Erica vers elle-même a commencé par des actes de rébellion silencieuse. Elle a tendu la main aux amis et à la famille que son partenaire avait mis de côté, renouant avec des personnes qui l'appréciaient pour ce qu'elle était exactement. Les dîners en amoureux, les randonnées et les discussions nocturnes sont devenus sa bouée de sauvetage. Petit à petit, elle a commencé à reconnaître des morceaux d'elle-même, son vrai moi, faisant surface sous des années de rires réprimés et de vérités non dites.

Puis sont venus les changements plus profonds. Son partenaire avait gouverné chaque détail de leur vie commune, de la nourriture sur leur table aux œuvres d'art sur leurs murs. Désormais, Erica revendiquait son espace. Elle cuisinait des plats riches et audacieux qu'il avait jugés «trop», savourant chaque bouchée. Elle peignait ses murs de couleurs qui la faisaient se sentir vivante et réorganisait les meubles pour qu'ils correspondent à son sentiment d'appartenance. Aussi insignifiant soit-il, chaque choix était comme reprendre possession d'un morceau de son âme.

Mais il ne s'agissait pas seulement de récupérer son espace; Erica commença également à récupérer son esprit. L'autocompassion devint son nouveau mantra. Lorsque les échos de sa voix se glissaient dans ses pensées, la rabaissant, la critiquant, elle se débattait. Elle murmurait: «Je suis aisée», jusqu'à ce que ces murmures deviennent des déclarations constantes. Chaque affirmation était comme une pierre posée sur les fondations de sa confiance en elle. Elle a mis en place une routine quotidienne de soins personnels pour se recentrer. Chaque matin commençait par une méditation, puis quelques minutes de silence dans un journal. Elle consacrait ses pensées sur la page: les rêves qu'elle avait oubliés, les objectifs qu'elle voulait atteindre, les normes qu'elle avait trop peur d'exiger.

Les séances de thérapie devinrent un lieu pour déballer sa relation passée, pour voir clairement chaque blessure afin de pouvoir enfin la laisser guérir. La force physique est devenue une nouvelle frontière. Elle a commencé à faire du jogging, du yoga et à soulever des poids. Elle bougeait d'une manière qui lui donnait l'impression d'être vivante, comme si elle réveillait des muscles et des parties d'elle-même qui étaient endormies depuis trop longtemps. À chaque pas, à chaque étirement, elle a découvert un sentiment de résilience et de puissance qu'elle ne savait pas avoir. À mesure que sa force croissait, son besoin de la protéger croissait également. Erica a élaboré son propre code de conduite personnel, un ensemble de valeurs et de limites sur lesquelles elle pouvait s'appuyer. «Je respecterai mon besoin de solitude», «Je donnerai la priorité aux relations qui me respectent». Ce n'étaient pas que des mots, c'était sa feuille de route, une promesse qu'elle s'était faite de ne jamais faire de compromis sur la vie qu'elle voulait.

Au début, imposer des limites était comme réapprendre à marcher: elle avait l'habitude de dire «oui» pour éviter les conflits et faire plaisir aux autres, mais elle a commencé à pratiquer le «non», doucement au début, déclinant des plans lorsqu'elle avait besoin de repos ou restant ferme lorsqu'une décision lui semblait juste. Elle a réalisé que le «non» n'était pas une arme, c'était une arme. C'était un acte de respect, une façon de se dire qu'elle comptait. Il y eut des revers, des moments où de vieilles habitudes la ramenaient vers des schémas familiers. Mais chaque «non» devint une victoire. Chaque petite limite qu'elle imposait lui rappelait sa force, renforçant le respect de soi qu'elle construisait à partir de rien. Elle réfléchissait à ces gains, célébrant chaque fois qu'elle honorait ses valeurs. Ces moments devinrent partie intégrante de son rituel quotidien, un rappel fondamental qu'elle avait désormais le contrôle de sa vie.

Avec le temps, Erica se regarda dans le miroir et reconnut la femme qui la regardait en retour. Elle vit quelqu'un de fort, quelqu'un de stable, quelqu'un qui avait confiance en elle. Elle n'avait besoin de la validation ou de l'approbation de personne d'autre. Son code de conduite personnel devint le plan directeur de sa nouvelle vie: une vie remplie de relations qui respectaient ses limites, de passions qui semblaient vraies et d'un sentiment d'identité qui n'était pas lié aux attentes des autres. Elle fit face patiemment à ses revers, acceptant que son parcours ne soit pas un chemin droit. Il y eut des jours où elle se sentit incertaine, tentée de retomber dans ses anciennes habitudes. Mais Erica a continué d'avancer, comprenant que se réapproprier sa personnalité ne consistait pas seulement à fuir son passé, mais à construire un avenir qui reflèterait sa personnalité la plus authentique. Chaque acte d'autocompassion, chaque limite respectée et chaque pas vers l'indépendance étaient sa façon de devenir la personne qu'elle avait toujours été censée être: libre, résiliente et en paix. Dans cette liberté tranquille, elle a réalisé qu'elle s'était enfin trouvée.

Mesures Concrètes

- **Définissez vos non-négociables:** notez les comportements, attitudes et valeurs qui sont essentiels à votre bien-être. Gardez cette liste visible pour vous rappeler les normes qui soutiennent votre guérison et votre croissance.

- **Entraînez-vous à dire «non» dans des scénarios sûrs:** commencez à affirmer des limites dans des situations de faible pression, comme refuser de petites demandes de connaissances. Cela renforce la confiance nécessaire pour faire respecter des limites dans des domaines plus importants.

- **Créez un rituel quotidien d' autoréflexion:** consacrez quelques minutes chaque jour à réfléchir à la façon dont vous respectez vos limites et vos valeurs personnelles. Cette pratique renforce le respect de soi et vous aide à rester responsable de la vie que vous créez.

Questions Qui Incitent à la Réflexion

- Quelles sont les valeurs qui comptent le plus pour moi et comment puis-je m'assurer qu'elles guident mes choix?

- Y a-t-il des domaines dans ma vie où je me sens coupable d'imposer des limites? Quelles petites mesures puis-je prendre pour réduire ce sentiment de culpabilité?

- Comment puis-je me rappeler quotidiennement que fixer des limites n'est pas un rejet mais une forme de soin de soi?

Chapitre 8: S'épanouir au-delà de la Survie – Vivre une Vie sans Narcissique

Se libérer d'un narcissique dissimulé est une étape monumentale, mais la véritable guérison commence lorsque vous allez au-delà de la survie et commencez à vous épanouir. Il ne s'agit pas seulement de couper les ponts, mais de créer une vie où leur influence ne vous définit plus. S'épanouir signifie redécouvrir vos passions, construire des relations saines et retrouver la joie d'une manière que vous auriez pu oublier. Dans ce chapitre, nous explorerons ce que signifie vivre une vie sans narcissique, comment construire un avenir ancré dans l'amour de soi et la résilience, et comment vraiment vous épanouir en étant la meilleure version de vous-même. C'est votre moment non seulement de survivre, mais de vous envoler.

Reprenez Votre Liberté Émotionnelle

S'échapper physiquement d'un narcissique est la première étape, mais la vraie liberté va plus loin. La liberté émotionnelle signifie libérer son emprise sur votre monde intérieur: sa voix, les doutes qu'il a semés et les peurs qu'il a instillées. Il s'agit de trouver la paix dans vos pensées, libre de leur influence, afin de pouvoir commencer à vivre selon vos propres règles.

Même après vous être libéré de la présence physique d'un narcissique, son impact peut persister de manière subtile et lancinante. Les doutes sur votre propre valeur, la culpabilité d'avoir fixé des limites ou la peur de répéter le passé peuvent persister comme des fantômes. Reconnaître ces échos émotionnels est crucial: ce sont des vestiges de manipulation, pas de reflets de votre valeur ou de votre réalité.

Une survivante, après des années de violence psychologique, a décidé de ne plus avoir aucun contact. Le silence lui a semblé inconfortable au début, mais elle a remarqué un changement remarquable au fil du temps. Sans rappels quotidiens des opinions du narcissique, elle a pu reconstruire la sienne, gagnant un sentiment de paix qui lui semblait autrefois impossible. La règle du non-contact lui a permis de respirer librement, de retrouver la liberté émotionnelle qu'elle avait perdue et de solidifier son engagement à tenir les influences toxiques à l'écart.

Reconstruisez la Confiance en Vos Propres Émotions

Après avoir subi une manipulation, vous pourriez douter de vos propres émotions, vous demander si elles sont valables ou réelles. Commencez lentement: remarquez vos sentiments au fur et à mesure qu'ils surgissent sans les juger. Rappelez-vous que chaque émotion, joie, colère, tristesse, est valable et vous donne un aperçu, vous aidant à vous reconnecter à votre véritable monde intérieur.

Pour valider vos émotions, essayez d'utiliser des techniques comme la journalisation pour capturer ce que vous ressentez sur le moment. Reconnaissez chaque sentiment sans le rejeter. Cela peut être aussi simple que de vous dire: «Je ressens ceci, et c'est normal.» Au fil du temps, vous reconstruirez une base de confiance en vous en acceptant chaque sentiment comme une partie précieuse de votre expérience.

Après des années de remise en question de sa réalité, une survivante a eu du mal à faire confiance à ses émotions. Elle a commencé à utiliser des pratiques d'auto - validation, comme la journalisation et les affirmations, pour renouer avec son instinct. Au fil du temps, cette survivante a finalement pu faire confiance à ses réactions sans avoir besoin de validation externe, reprenant confiance en sa capacité à faire des choix en fonction de ses sentiments.

Pratiquer l'Indépendance Émotionnelle

Dans vos relations futures, il est important de rester ancré dans vos sentiments et vos limites. L'indépendance émotionnelle vous autoriserait à ressentir, à agir et à penser sans dépendre de l'approbation de quelqu'un d'autre. Faire passer votre bien-être émotionnel en premier, créerait une dynamique saine et équilibrée qui vous protège contre toute manipulation future.

L'autonomie ne consiste pas à exclure les autres; elle consiste à s'assurer que votre bonheur ne dépend pas de l'approbation de quelqu'un d'autre. Lorsque vous comptez sur votre force intérieure, vous êtes moins susceptible de laisser les besoins ou les jugements d'une autre personne dictant vos choix. Cette résilience intérieure rend plus difficile pour quiconque de contrôler ou de saper votre estime de soi.

Pour développer votre indépendance émotionnelle, donnez la priorité aux activités qui nourrissent votre bien-être: loisirs en solo, projets de développement personnel ou routines de soins personnels. Fixez-vous des objectifs axés sur votre développement, comme l'apprentissage d'une nouvelle compétence ou le fait de prendre le temps de réfléchir régulièrement à vous-même. Ces pratiques renforcent votre indépendance, vous aidant à rester fidèle à vous-même, quelle que soit l'influence des autres.

Créez une Vie de Joie et d'Épanouissement

Après avoir quitté une relation abusive, il est naturel de se sentir perdu, effectivement de ne pas savoir ce qui vous rend vraiment heureux. Commencez par renouer avec de petites activités ou des passe-temps qui vous apportaient autrefois de la joie. Considérez cela comme l'exploration d'un nouveau monde; chaque expérience joyeuse vous rappelle qui vous êtes au-delà de tout rôle ou de toute attente imposée par les autres.

Avoir un but ne consiste pas seulement à trouver une carrière ou un projet; il s'agit de sentir que votre vie a une direction et un sens. Avoir un but fournit une structure, alimente la résilience et la concentration même dans les jours difficiles. Ce sentiment de but peut vous guider dans votre reconstruction, vous rappelant que chaque effort est un pas vers un avenir épanouissant.

Pour Steven, découvrir un sens de la vie a commencé en faisant du bénévolat dans un refuge local. Il s'est d'abord porté volontaire pour passer le temps, mais a rapidement trouvé une profonde satisfaction à aider les autres à reconstruire leur vie. Ce lien avec une cause qui le dépasse lui-même lui a apporté une nouvelle confiance, une clarté et un rappel de valeur qu'il pouvait s'offrir à lui-même et au monde.

Le Rôle de la Créativité dans la Guérison

La créativité est plus qu'un passe-temps; c'est une façon de traiter les émotions, d'exprimer des sentiments non exprimés et de ressentir la joie dans sa forme la plus pure. La créativité vous permet d'extérioriser vos émotions par l'écriture, la peinture, la musique ou la danse, laissant ainsi place à la guérison. Dans le processus créatif, vous vous autorisez à ressentir sans jugement ni retenue.

Permettez-vous la liberté d'expérimenter de nouveaux passe-temps. Essayer de nouvelles activités créatives peut sembler vulnérable, mais cela ouvrirait également les portes de la découverte de soi. Grâce à la créativité, vous pouvez découvrir des passions ou des talents dont vous ignoriez l'existence, chacun contribuant à remplacer les souvenirs du passé par des expériences qui apportent la joie et l'épanouissement personnel.

Sandra, par exemple, s'est tournée vers la peinture pour libérer ses émotions, créant initialement des œuvres d'art pour exprimer sa colère, sa tristesse et sa confusion. Au fil du temps, elle s'est retrouvée à peindre avec des couleurs plus vives, reflétant un changement dans son processus de guérison. L'art est devenu plus qu'un exutoire; C'était une façon de renouer avec son côté ludique et imaginatif, lui montrant comment la joie pouvait à nouveau faire partie de leur vie.

Construisez une Vie Remplie de Joie, de Connexion et de Liberté

Chaque jour offre l'occasion de donner la priorité à la joie. Prenez l'habitude de vous engager dans des activités qui vous font sourire, même si elles sont aussi simples que de savourer un repas préféré ou de faire une promenade dans la nature. Donner la priorité au plaisir vous rappelle que vous méritez le bonheur et le bien-être, ancrant vos journées dans de petits moments de véritable contentement.

Les gens jouent un rôle majeur dans votre parcours de guérison, alors essayez de créer un cercle d'amis qui vous élèvent, vous soutiennent et vous encouragent. Les influences positives sont celles qui respectent vos limites, vous apportent de la joie et croient en votre parcours. Ces connexions agissent comme un tampon contre la négativité, vous permettant de rester ancré et concentré sur votre croissance.

Michael a commencé à établir des relations d'amitiés avec des personnes qui respectaient ses limites et partageaient ses valeurs. Il a progressivement abandonné celles qui lui semblaient épuisantes ou peu encourageantes, créant ainsi un espace pour de nouvelles connexions basées sur le respect mutuel et la positivité. Ce changement l'a aidé à se sentir soutenu, en sécurité et véritablement valorisé, renforçant l'idée que la joie et une connexion saine sont non seulement possibles mais essentielles.

Envisagez l'Avenir avec Confiance

Après avoir subi des manipulations, se lancer dans l'inconnu peut être intimidant. Mais n'oubliez pas que cette nouvelle phase est une opportunité de reconstruire selon vos propres conditions, sans avoir à vous soucier du passé. Faire face à l'avenir avec courage signifie accepter chaque jour avec un sentiment de découverte, sachant que votre résilience a déjà été prouvée.

Vos expériences vous ont peut-être mis au défi, mais elles ont également construit une base plus solide pour une vie épanouissante à venir. En allant vers l'avant, votre nouvelle indépendance et votre force peuvent façonner chaque expérience, grande ou petite. Cette perspective nous rappelle que la vie offre désormais un espace pour une joie authentique, une connexion et une croissance personnelle.

Une survivante avec qui j'ai travaillé a profité de séminaires de thérapie et de croissance personnelle, axés sur la guérison et l'amélioration personnelle. En se fixant des objectifs atteignables, elle a gagné la confiance au fil du temps, affrontant les incertitudes de la vie avec optimisme. Elle a transformé la peur en excitation, embrassant l'inconnu comme un champ ouvert de nouvelles opportunités, sans manipulation.

Transformez Votre Expérience en Force

Les difficultés que vous aviez endurées vous avaient donné une nouvelle perspective et un puits profond de force intérieure. Au lieu de considérer ces expériences comme de simples souffrances, elles peuvent être reformulées comme de précieuses leçons qui vous accordent désormais d'empathie, de résilience et de perspicacité, des qualités qui peuvent façonner une vie épanouissante à l'avenir.

Considérez vos expériences non pas comme des faiblesses, mais comme des tremplins dans votre croissance. Votre histoire est la preuve de votre capacité à surmonter les épreuves, et chaque leçon apprise est un outil pour la résilience future. Ce recadrage est essentiel pour transformer ce qui peut sembler être un passé difficile en une source de sagesse et de puissance intérieure.

Je me souviens de Karly, qui a choisi de partager son parcours avec d'autres, devenant une source de soutien pour ceux qui font face à des situations similaires. En parlant ouvertement de ses expériences, elle a trouvé la force d'aider les autres à se libérer de dynamiques toxiques. Cette autonomisation l'a aidée à guérir et a transformé son récit en un récit de résilience et d'espoir.

Vivre sans Narcissique: Vos Dernières Étapes

Cette section peut sembler excessive, mais il est parfois important de tout mettre en place. N'oubliez pas que lorsqu'il s'agit de guérir d'une relation narcissique, des rappels répétés sont essentiels pour s'en libérer définitivement.

Pour vous protéger des futures dynamiques toxiques, commencez par prendre conscience de vous-même et de vos limites. Apprenez à donner la priorité à votre bien-être mental et émotionnel, en veillant à ce que toute relation soit conforme à vos valeurs et respecte vos limites. Cette approche servirait de guide et vous oriente vers des relations plus saines.

Repérer les premiers signes de comportement narcissique chez un nouveau partenaire est essentiel pour protéger votre sécurité émotionnelle. Les narcissiques commencent souvent par un charme excessif, vous attirant avec de grands gestes et une admiration intense, une tactique connue sous le nom de «bombardement d'amour». Cela peut sembler flatteur, mais une relation saine se développe à un rythme naturel sans précipitation. Si un partenaire déclare rapidement des sentiments profonds ou prétend que vous êtes son « âme sœur », cela peut indiquer une manipulation plutôt qu'une affection authentique. Les relations saines vous permettent de créer des liens progressivement, en respectant le rythme des deux partenaires.

Un autre signe clé est la manipulation subtile. Les narcissiques peuvent repousser les limites dès le début, par exemple en vous encourageant à annuler des projets avec d'autres personnes pour passer du temps avec elles ou en testant votre loyauté avec des histoires inventées. Ils peuvent également utiliser des compliments indirects ou des taquineries pour évaluer votre réponse. La manipulation est souvent masquée par le charme, mais devient évidente lorsque quelqu'un rejette régulièrement vos préoccupations ou évite de rendre des comptes. Si les excuses d'un partenaire semblent superficielles ou s'il vous fait sentir «trop sensible» lorsque vous exprimez votre malaise, considérez cela comme un signe d'avertissement.

Les narcissiques ont également besoin d'admiration et de validation constantes. Faites attention si votre partenaire ramène fréquemment les conversations à lui-même ou recherche des compliments. Les narcissiques ont un fort besoin d'être le centre de l'attention, et au fil du temps, cela pourrait devenir épuisant pour leur partenaire. Si vous vous retrouvez à les soutenir et à les valider constamment, mais à recevoir rarement la même chose en retour, vous êtes peut-être confronté à une dynamique narcissique.

Un manque d'empathie est un autre signal d'alarme. La véritable empathie nécessite une écoute sincère et la reconnaissance de vos sentiments. Les narcissiques rejettent ou invalident souvent les émotions qu'ils ne comprennent pas, en répondant avec impatience ou moquerie plutôt qu'avec inquiétude. Si vous vous sentez ignoré ou rabaissé dans les moments de vulnérabilité, c'est un signe de mépris émotionnel. Un partenaire sain ferait un effort pour faire preuve d'empathie envers vous, au lieu de minimiser ou d'ignorer vos expériences.

Repousser les limites est une autre tactique dont il faut se méfier. Les narcissiques remettent souvent en question les limites de manière subtile, en les rejetant comme étant trop prudentes ou inutiles. Ils peuvent vous faire sentir coupable de vous fournir de l'espace ou du temps, en utilisant la culpabilité afin de tester le degré de contrôle qu'ils ont sur vos choix. Les relations saines respectent les limites individuelles sans coercition ni culpabilité, en honorant le droit de chaque personne à son propre espace.

Enfin, observez la façon dont ils traitent les autres. Le mépris des limites des autres ou le manque de respect fréquent dans les lieux publics pourraient révéler des tendances narcissiques. S'ils envahissent l'espace personnel ou traitent mal leurs connaissances, ce comportement pourrait éventuellement se refléter dans la façon dont ils vous traitent. Le respect dans toutes les interactions reflète la maturité émotionnelle, qui est souvent absente chez les personnalités narcissiques.

Faire confiance à son instinct est crucial. Si quelque chose ne va pas, faites attention à ce sentiment. Protéger votre sécurité émotionnelle et établir des limites est essentiel pour éviter les mêmes cycles de manipulation et de contrôle. N'oubliez pas qu'un véritable partenaire respectera vos limites, honorera votre rythme et se souciera de votre bien-être sans avoir besoin de dominer ou de contrôler.

Faites régulièrement le point avec vous-même en tenant un journal, en pleine conscience ou en suivant une thérapie. Ces pratiques vous permettent de rester centré, de renforcer votre estime de soi et de vos limites. En vous concentrant sur les soins personnels et en réfléchissant à vos expériences, vous cultivez la clarté émotionnelle, ce qui facilite la reconnaissance et la réaction aux signes de toxicité.

Le Pouvoir de l'Autoréflexion dans la Croissance et la Guérison Continues

L'introspection n'est pas un événement ponctuel; c'est un processus continu d'évaluation de vos progrès, de votre croissance et de vos aspirations futures. Grâce à une introspection régulière, vous restez ancré et fidèle au chemin que vous avez emprunté, en veillant à ne pas retomber dans des schémas néfastes. Cette pratique vous permettrait de conserver la liberté et la force sur lesquelles vous aviez tant travaillé à atteindre.

Étude de Cas: Comment Rolla Commençant à s'Épanouir

Rolla avait passé des années dans une relation qui avait érodé sa confiance en elle, la laissant douter de chaque pensée, de chaque geste. Lorsqu'elle s'est enfin libérée, elle pensait que le soulagement l'envahirait comme une vague. Mais son esprit était toujours piégé. La voix de son ex résonnait dans sa tête, un murmure incessant remettant en question sa valeur, son instinct et son droit de vivre librement. Cette liberté à laquelle elle aspirait lui semblait un mirage.

Alors, elle a fait un geste audacieux. Aucun contact. Elle a complètement fermé la porte. Au début, le silence était perturbant, comme si elle marchait dans le vide. Mais petit à petit, ce silence s'est transformé en clarté. Son influence disparue, ses pensées, autrefois emmêlées avec ses jugements, commençant à prendre leur propre forme. Elle a commencé à tenir un journal: pas de filtres, pas de doutes. Chaque jour, elle écrivait, chaque accès lui rappelant: Tes sentiments sont réels. Tes pensées sont valables. Avec le temps, elle a senti quelque chose de nouveau émerger: sa voix. C'était hésitant, mais c'était là. Ainsi que c'était le sien.

Rola savait que si elle voulait se protéger de retomber dans ses vieux schémas, elle devait renforcer son sens d'indépendance. Elle a donc repris sa vie en main, morceau par morceau. Elle est revenue aux choses qui la faisaient autrefois se sentir vivante. Elle a pris un pinceau et s'est reconnectée au yoga, deux passions que son partenaire avait dépréciées. À chaque coup de pinceau sur la toile, à chaque respiration dans sa pratique du yoga, elle sentait sa confiance en elle croître. Ces petites victoires l'ont ancrée, un rappel tangible que son bonheur était entre ses mains.

En remplissant ses journées de sens, elle a vu sa vie changer. Elle a commencé à faire du bénévolat dans un refuge pour animaux local, renouant avec une partie d'elle-même qui avait soif de connexion et de compassion. Aider les autres a donné à sa vie un nouveau rythme et une raison de continuer à avancer. Ses journées étaient pleines de sens, un sens qu'elle n'avait pas ressenti depuis des années, et la validation qu'elle a trouvée venait de l'intérieur.

Son entourage a également changé. Rolla a commencé à rechercher des relations qui lui semblaient être chez elle, des personnes qui respectaient son espace et sa croissance. Ces amis l'ont aidée à se relever et à respecter ses limites. Elle s'est sentie valorisée, respectée et véritablement vue pour la première fois.

À chaque pas en avant, son passé est devenu de moins de poids et plus un fondement. Elle n'avait plus besoin de l'approbation de qui que ce soit pour se sentir entière. Elle avait retrouvé sa valeur, sa joie et sa liberté. Désormais, sa vie lui appartenait à elle seule: remplie de sens, de résilience et d'une paix qui ne pouvait venir que du fait de savoir qu'elle était enfin, vraiment libre.

Mesures Concrètes

- **Pratiquez l'auto-validation:** chaque jour, prenez quelques instants pour affirmer votre valeur et vos choix. Rappelez-vous que vous avez le droit de dire «non» et donnez la priorité à vos besoins, renforçant ainsi votre sentiment d'indépendance et de respect de vous-même.

- **Fixez des limites avec de nouvelles relations:** exposez vos limites dès le début lorsque vous construisez de nouvelles relations. Communiquez clairement et calmement vos zones de confort afin que les autres sachent que vous appréciez et protégez votre bien-être dès le départ.

- **Créez une routine de joie et d'introspection:** créez des habitudes quotidiennes qui vous apportent de la joie, que ce soit par le biais de la tenue d'un journal, de la méditation ou d'une activité créative. Cette routine renforce votre liberté émotionnelle et vous aide à rester connecté à vous-même.

Questions Qui Incitent à la Réflexion

- Quelles sont les trois qualités que vous aimeriez cultiver dans votre vie maintenant que vous êtes libéré des influences toxiques? Réfléchissez à la manière dont vous pourriez favoriser ces qualités dans vos actions et relations quotidiennes.

- Quel effet cela fait-il de donner la priorité à votre propre bien-être sans culpabilité ni hésitation? Observez les moments où vous vous surprenez à vous sentir coupable ou hésitant, et réfléchissez à ce que cela révèlerait sur les domaines dans lesquels vous devez peut-être approfondir vos limites.

- Qui dans votre vie vous élève et vous respecte, et comment pouvez-vous renforcer ces liens? Identifiez les personnes qui font ressortir vos meilleures qualités et réfléchissez aux moyens de nouer avec elles un lien plus significatif et plus solidaire.

Conclusion

Alors que ce voyage aborde sa fin, voici l'essentiel: chaque vérité découverte, chaque idée durement acquise, vise une seule astuce: une vie libérée de l'emprise silencieuse des abus narcissiques dissimulés. Ces pages ne sont pas que des mots; elles sont un appel à retrouver la valeur personnelle, à établir des limites incassables et à enfin saisir la liberté. Le narcissisme dissimulé n'est pas simplement un trait toxique; c'est une force furtive et discrète qui réécrit la réalité sans être détectée. En révélant les signes et en décodant les tactiques, cette voie à suivre serait claire: la prise de conscience, la guérison et l'indépendance.

Dès le début, le jeu du narcissique dissimulé a été démêlé. Les manipulateurs celés qui se cachent dans l'ombre, déforment les perceptions et suscitent le doute sur soi sans qu'un mot ne soit déplacé. Contrairement aux types plus bruyants, les narcissiques dissimulés restent sous le détecteur, déguisant la cruauté derrière des façades d'humilité, de gentillesse et même de martyre. Le défi est de les repérer. Ils sont passés maîtres dans l'art du déguisement, mêlant charme, culpabilité subtile et vulnérabilité soigneusement mise en scène pour rester dissimulés. Le but de ce livre a été de faire tomber ce masque, d'exposer ce qui se cache en dessous.

Mais ce livre ne s'est pas contenté d'identifier le narcissique dissimulé; il est allé plus loin, en exposant les pièges psychologiques. Ce ne sont pas des gestes flagrants: ce sont des murmures, des regards en coin et des soupirs silencieux qui érodent l'estime de soi, créant une cage invisible. Maintenant, les signes sont visibles: le gaslighting, les compliments entrecoupés de piques cachées, le sentiment rampant que d'une certaine manière tout est de votre faute, cette pression incessante pour vous conformer à leur volonté.

Ce livre ne se contente pas d'exposer des tactiques; il vous équipe, en vous remettant des outils pratiques pour récupérer vos pensées, vos émotions et votre réalité de l'emprise du narcissisme dissimulé. Les limites ont été redéfinies, non pas comme de simples concepts mais comme des bouées de sauvetage. Des limites qui résistent à la résistance incessante et restent solides sous la pression. Ces outils ancrent le moi dans une identité qui ne plie pas et ne cherche pas à être validée par ceux qui ont l'intention de la saper. Chaque outil est une protection, une fondation pour une vie libre de toute manipulation.

Soyons réalistes: les idées sur une page ne suffiraient pas à déclencher une transformation. Le changement viendrait de la pratique quotidienne. Reconnaître le narcissisme dissimulé n'est que la première étape. La véritable croissance consiste à intégrer cette prise de conscience dans des actions quotidiennes: faire une pause, vérifier, renforcer les limites, faire confiance à votre instinct lorsque le doute s'installe. Chaque petit acte renforce la résilience, créant un bouclier contre les tactiques secrètes.

Ce voyage vous équipe d'une nouvelle boussole qui vous éloigne des dynamiques toxiques pour vous diriger vers des relations qui respectent la valeur. Soyez à l'écoute de ces sentiments «off», de ces nœuds serrés dans l'estomac; ce sont des avertissements, des instincts qui vous guident. Remarquez qui respecte les limites sans hésitation et qui essaie de les dépasser. En renforçant cette boussole intérieure, vous récupérez le pouvoir de rester inébranlable dans la réalité qui est désormais solidement la vôtre. C'est une véritable guérison. C'est la vraie force.

Mais ne vous y trompez pas: ce voyage n'est pas une ligne de parvenue. Se libérer d'un narcissique dissimulé n'est que le début. S'épanouir au-delà de la survie exige une conscience de soi constante et implacable ainsi qu'un engagement inébranlable envers les limites bien après que la présence toxique ait disparu. La vie mettrait cette détermination à l'épreuve. De nouveaux visages apparaîtront, certains authentiques, d'autres non. Mais maintenant, avec une armure construite à partir de ces outils, il est possible de voir clairement à travers tout brouillard futur, préparé à tout ce qui se présente, qu'il s'agisse d'un allié ou d'un adversaire.

La croissance n'a pas de fin. C'est une évolution continue, parfois désordonnée. Et, oui, il y aura des moments où les vieilles habitudes refont surface, où les ombres du doute sur soi-même essaieront de reprendre leur place. Ces moments viendront, et ils seront l'écho de blessures qui étaient autrefois profondes, déformant la réalité. Quand ils surviendront, souvenez-vous de tout ce que vous aviez appris au cours de ce voyage. Respirez profondément, restez dans le présent et puisez de la force dans chaque leçon apprise en cours de route.

Vivre sans manipulation est un choix renouvelé quotidiennement. Il ne s'agit pas seulement de repérer les signaux d'alarme; il s'agit de respecter la paix par rapport aux attentes des autres, d'éviter les pièges subtils dans lesquels vous avez été piégé. La puissance silencieuse et constante grandit à chaque pas en avant, tandis que les vieilles astuces perdent leur emprise. Cette croissance est un bouclier incassable, la fondation sur laquelle une vie sous contrôle serait construite.

Ainsi, alors que ce chapitre se termine, les yeux se tournent vers l'avant. Imaginez un avenir rempli de sens, sans agendas recelés et sans manipulations silencieuses. C'est une vie vécue avec clarté, avec des décisions fondées sur la vérité personnelle, respectant chaque limite sur le chemin. Ce n'est pas un espoir lointain; c'est une réalité déjà en mouvement qui avait été façonnée par chaque pas franchi jusqu'à présent. Il n'y a pas de «simple apprentissage» ou de «simple espoir», le progrès est déjà là. Le voyage vers une vie authentique, détachée des agendas des autres, est en cours.

La véritable liberté ne consiste pas simplement à échapper à la toxicité; il s'agit de se réveiller chaque jour ancré dans une paix assurée. C'est le pouvoir de rejeter tout ce qui est épuisant, d'accepter tout ce qui est édifiant. Cet avenir est loin de simplement exister; il s'agit de s'épanouir. Les connexions élèvent plutôt qu'elles n'épuisent, et les relations soutiennent plutôt qu'elles n'épuisent. Chaque choix et chaque limite élaborés maintenant construisent une vie farouchement vraie et sans complexe.

Faites avancer ces vérités durement gagnées. Laissez-les guider, ancrer et façonner l'avenir. Ne laissez pas ces leçons se limiter à un livre: faites-en le fondement même de chaque décision et interaction. Ce ne sont pas de simples outils; ils sont le cœur de celui qui émerge, résilient, incassable et prêt à vivre une vie pleinement vécue. C'est peut-être la dernière page, mais c'est le début d'un nouveau voyage puissant. Maintenant, le stylo est fermement en main, prêt à écrire un avenir sans l'ombre des autres. Avancez avec détermination, en vous enracinant dans des limites qui vous protègent et vous guident, en marchant vers une vie qui respecte, élève et honore votre vraie valeur. Ce voyage ne fait que commencer, et il appartient, pleinement et librement, à un moi, qui ait le contrôle férocement.

Pourriez-vous s'il vous plaît, envisager de laisser un avis? Publier un avis est le moyen le plus simple et le plus efficace de soutenir le travail d'auteurs indépendants comme moi. Merci!

Références

Brummelman, E., Thomaes, S., Nelemans, S. A., Orobio de Castro, B., Overbeek, G., & Bushman, B. J. (2015). Origins of narcissism in children. *Proceedings of the National Academy of Sciences, 112*(12), 201420870.

Carter, L. (2023, August 3). *The Most Effective Response To A Narcissist's False Accusations - Surviving Narcissism.*

Ciletti, N. (2024, October 15). *What Is Covert Narcissistic Abuse? Gaslighting, Manipulation, And Intimidation | BetterHelp.*

Clarke, J. (2023, December 5). *How to Recognize Someone With Covert Narcissism.* Very well Mind.

CTRC, J. M. (2023, April 12). *Reclaim Your Identity After Narcissistic Abuse | Jim McGee Coaching.*

Ellis, P. (2022, August 4). *A Therapist Explains How to "Detox" After Having an Encounter With a Narcissist.* Men's Health.

Gupta, S. (2023, August 23). *10 Phrases to Disarm a Narcissist*. Very well Mind.

LP. (2023, May 11). *Stages of Healing After Narcissistic Abuse: Rebuilding Trust Again*. Sallt Sisters.

MPH, A. B. (2024, March 9). *How to Set Boundaries With a Narcissist*. Charlie Health.

Rebuilding After the Storm: Healing from Narcissistic Abuse and Rediscovering Yourself. (2023). Online Therapy for Nigerians.

Rosenberg, R. (2019, December 6). *When You Unmask a Covert Narcissist, RUN, but Quietly!* Self-Love Recovery Institute.

Rynfield, R. (2021, June 2). *What Does a Trauma Bond with a Narcissist Look Like?*

Wright, A. (2023, April 9). *Understanding Covert Narcissism*. Psychology Today.

Remerciements

Il est important pour moi de remercier tous ceux qui m'avaient soutenu dans cette entreprise passionnante pendant que je créais ce livre. Le sujet était difficile, mais je suis sûr qu'il aidera de nombreuses personnes à se libérer des chaînes du narcissisme afin qu'elles puissent enfin vivre leur vie. Je n'aurais pas pu le faire sans leur soutien et leurs encouragements!

Tout d'abord, je tiens à remercier James Love, mon mari, car sans lui et son soutien indéfectible, cela n'aurait pas été possible. Je n'aurais pas eu le courage de donner vie à ce sujet sensible sans vous.

Je ne remercierai jamais assez mon éditeur – sans vos commentaires, ce livre n'aurait pas été aussi détaillé et informatif qu'il l'est.

Un grand merci à mes amis et à ma famille, qui m'ont donné des perspectives et des idées différentes sur cette question complexe. Vous êtes la base qui a permis à ce livre de tenir debout.

Qu'est-ce qu'un livre sans l'apport des chercheurs et des conseillers dévoués? Merci beaucoup pour votre précision et votre engagement à obtenir toutes les informations détaillées dont nous disposons pour aider les gens à avancer dans leur vie.

Enfin et surtout! Mes incroyables lecteurs. Votre courage et votre volonté de vivre sont ce qui vous permettra de vous en sortir dans la vie. N'oubliez pas que nous n'avons qu'une seule vie à vivre et que vous êtes plus fort que vous ne le pensiez! Ce livre existe grâce à vous.

Découvrez d'autres livres que vous allez adorer

Votre voyage ne s'arrête pas à la dernière page. Nous avons sélectionné pour vous une collection de livres inspirants, profonds et enrichissants pour vous accompagner encore plus loin. Scannez le code QR ci-dessous pour explorer d'autres titres autour de la spiritualité, de l'histoire et du développement personnel—soigneusement choisis pour les esprits curieux comme le vôtre.

https://mybook.to/frenchcollection

À Propos de l'Auteur

Shelly Dunn est une fervente défenseure du bien-être mental et émotionnel, spécialisée dans la psychologie interpersonnelle, les relations, les capacités d'adaptation et les défis uniques de la parentalité. Son style accessible et sincère permettrait aux lecteurs de transformer les défis en opportunités de croissance.

Dans son travail, Shelly s'appuie sur des années d'expertise professionnelle et d'expérience personnelle, transformant des connaissances psychologiques complexes en stratégies pratiques pour la vie quotidienne. Ses écrits sont ancrés dans la conviction que des relations significatives et une résilience émotionnelle sont les pierres angulaires d'une vie épanouissante. Shelly offre des conseils pratiques pour permettre aux lecteurs de gérer l'anxiété, de naviguer dans les subtilités de la connexion humaine et de construire des relations plus saines.

Quand elle n'écrit pas ou n'entraîne pas, Shelly aime passer du temps de qualité avec sa famille, explorer la nature, faire du yoga, voyager et se plonger dans un bon livre.